Johann Baier: Das Ende des Glaubens an den freien Markt

Johann Baier

Das Ende des Glaubens an den freien Markt

Lehren aus der Wirtschaftsgeschichte: warum wir eine sozial-ökologische Wirtschaftswende brauchen

Bibliografische Information der Deutschen Nationalbibliothek:
Die Deutsche Nationalbibliothek verzeichnet diese Publikation
in der Deutschen Nationalbibliografie; detaillierte bibliografische Daten sind im Internet über http://dnb.dnb.de abrufbar.

TWENTYSIX – Der Self-Publishing-Verlag
Eine Kooperation zwischen der Verlagsgruppe Random House
und BoD – Books on Demand

© 2018 Johann Baier

Herstellung und Verlag:
BoD – Books on Demand, Norderstedt

ISBN: 978-3-74073054-3

Inhalt

Einleitung: der Glaube an den freien Markt

Über dreißig Jahre sind vergangen, seit Ronald Reagan und Margaret Thatcher die ‚neoliberale Wende' in der Wirtschaftspolitik einläuteten. Auf die keynesianische, nachfrageorientierte Wirtschaftspolitik, die sich als Reaktion auf die Weltwirtschaftskrise 1929 weltweit durchgesetzt hatte, folgte in den 1980er Jahren die Rückkehr zum Wirtschaftsliberalismus – also zu derselben Wirtschaftspolitik, die der Weltwirtschaftskrise vorausging.

Die Finanzkrise 2008, die wachsende soziale Ungleichheit, die Arbeitslosigkeit und wirtschaftliche Stagnation in vielen Regionen sowie die ständig lauernden Schuldenkrisen wecken derzeit Zweifel, ob die Welt wirtschaftspolitisch auf dem richtigen Kurs ist. Diese Zweifel drücken sich in starken Veränderungen der Parteienlandschaften in fast allen Ländern Europas aus: neue Parteien links von der Sozialdemokratie und rechts von den Konservativen erobern die Parlamente - ähnlich wie nach der Weltwirtschaftskrise 1929.

Es ist der Zeitpunkt für eine Entscheidung gekommen, in welche Richtung es wirtschaftspolitisch weitergehen soll. Zu der dazu notwendigen Debatte möchte dieses Buch einen Beitrag leisten. Dabei wird es nicht - wie viele andere Publikationen zu dem Thema - abstrakte Theorien aus dem akademischen Raum zum Ausgangspunkt nehmen, sondern die Wirtschaftsgeschichte: welche Erfahrungen wurden mit wirtschaftspolitischen Strategien in der Vergangenheit gemacht? Welche Schlussfolgerungen für die Zukunft lassen sich daraus ableiten?

Es gibt in der politischen Diskussion eine verwirrende Vielfalt von Bezeichnungen für wirtschaftspolitische Strategien zur Steuerung der Marktwirtschaft. Beim näheren Hinsehen lassen sich jedoch im Wesentlichen drei Ansätze unterscheiden:

-   **Wirtschaftsliberalismus** (oder: Neoliberalismus, Marktradikalismus, Marktfundamentalismus, angebotsorientierte Wirtschaftspolitik, Neoklassik). Parteien, Medien,

Lobbyverbände und Wirtschaftsforschungsinstitute, die diesen Ansatz vertreten, verwenden oft keinen dieser Begriffe, sondern sprechen einfach von ‚Reformpolitik' oder ‚Strukturreformen' ohne weitere Zusätze. Gemeinsames Merkmal ist die Ablehnung staatlicher Eingriffe in den Markt, d.h. der Glaube an die Selbstregulierung der Marktwirtschaft.

- **nationalistischer Staatsinterventionismus** (oder: Wirtschaftsnationalismus, Protektionismus): staatliche Eingriffe in den Markt sind gerechtfertigt, wenn sie der Stärkung des nationalen Kapitals bzw. der eigenen Nation dienen. Der Merkantilismus der absolutistischen Feudalstaaten des 18. Jahrhunderts, der teilweise von konservativen, monarchistischen Kräften als Gegenspieler des klassischen Liberalismus bis ins 20. Jahrhundert weiter getragen wurde, die Wirtschaftspolitik der NSDAP in den 1930er Jahren, die Kriegswirtschaft während der beiden Weltkriege, sowie die Programmatik der heutigen rechtspopulistischen und rechtsradikalen Parteien lassen sich als Varianten eines „nationalistischen Staatsinterventionismus" betrachten.

- **sozial-ökologischer Staatsinterventionismus** (oder: (Neo- / Öko-) Keynesianismus, nachfrageorientierte Wirtschaftspolitik, sozial-ökologische Reformpolitik, u.a.[1]): staatliche Eingriffe in den Markt sind gerechtfertigt und notwendig, wenn sie Rezessionen überwinden oder verhindern, soziale Gerechtigkeit und Sicherheit schaffen, Arbeitnehmer-, Mieter-, Verbraucherinteressen und die Umwelt schützen vor der Macht des Privatkapitals.

Die Wirtschaftsgeschichte seit Beginn der Industrialisierung lässt sich in Epochen gliedern, in denen die Wirtschaftspolitik von jeweils einer dieser Konzepte geprägt ist, auch wenn die Konzepte nie völlig in ‚Reinkultur' zur Anwendung kommen:

- Merkantilismus (zu Beginn der Industrialisierung im 18. Anfang 19. Jahrhundert)
- klassischer Liberalismus (bis 1930er Jahre),

- nationalistischer Staatsinterventionismus (vor und während des 2. Weltkriegs)
- Keynesianismus (1930er bis Ende 1970er Jahre),
- Neoliberalismus (seit 1980er Jahre).

Es stellt sich die Frage, welches wirtschaftspolitische Konzept unsere Zukunft prägen soll: Fortsetzung des Neoliberalismus, nationalistischer Staatsinterventionismus oder sozial-ökologische Reformpolitik?

Der vorliegende Text möchte in zwei Schritten zur Beantwortung der Frage beitragen:

- Historischer Rückblick: die wirtschaftspolitischen Epochen (klassischer Liberalismus, Keynesianismus, Neoliberalismus) werden hinsichtlich Wachstum, Beschäftigung, Verteilung, Stabilität, Erhalt der ökologischen Ressourcen, Lebensqualität verglichen
- Anschließend werden auf dieser Basis in einem Gedankenexperiment Prognosen aufgestellt bezüglich Wirtschaftswachstum, Beschäftigung, Verteilung, Stabilität, Erhalt der ökologischen Ressourcen, Lebensqualität - jeweils für die drei möglichen Szenarien: Fortsetzung des Neoliberalismus (Zukunft 1), nationalistischer Staatsinterventionismus (Zukunft 2) und eine nachfrageorientierte, sozial-ökologischen Reformpolitik (Zukunft 3).

Diese Systematik – Rückblick auf die wirtschaftspolitischen Epochen und Skizzierung der wirtschaftspolitischen Alternativen für die Zukunft – wird zweimal durchlaufen: einmal für die Industrieländer, ein zweites Mal für den „Globalen Süden" bzw. die „Dritte Welt". Industrieländer und Dritte Welt haben aufgrund ihrer unterschiedlichen Geschichte eine unterschiedliche Wirtschaftsstruktur und –dynamik, so dass sich die wirtschaftspolitischen Ideologien jeweils auf eine spezifische Weise niederschlagen. Gleichzeitig sind der „Globale Norden" und der „Globale Süden" durch die Globalisierung miteinander verbunden (über Handel, Kapitalströme, Direktinvestitionen,

Migration), d.h. die geforderten Strategien für die Industrieländer und Dritte Welt müssen konsistent sein.

Das Ergebnis des Rück- und Ausblicks lässt sich in folgenden Kernthesen zusammenfassen:

- Der Rückblick auf 200 Jahre Wirtschaftsgeschichte zeigt, dass der Wirtschaftsliberalismus zwangsläufig zu wachsender Ungleichheit, Armut, wirtschaftlicher Instabilität und Übernutzung der ökologischen Ressourcen führt. Soziale Gerechtigkeit, wirtschaftliche Stabilität, nachhaltige Ressourcennutzung und eine Erhöhung der Lebensqualität sind nur durch einen geeigneten (nachfrageorientierten, sozial-ökologischen) Staatsinterventionismus zu haben.
- Der Wirtschaftsnationalismus versucht, die eigene Nation auf Kosten anderer Nationen zu bereichern – eine Strategie, die nicht in allen Nationen gleichzeitig Erfolg haben kann und zwangsläufig zu Konflikten, Handelskriegen, Vertreibung von Migranten, Hass und u.U. realen Kriegen führt.
- Das Wirtschaftswachstum der Industrieländer wird sich bei allen wirtschaftspolitischen Alternativen zwangsläufig aus demografischen und technologischen Gründen abschwächen und einem Nullwachstum annähern.[2]
- Die Armut in der Dritten Welt lässt sich nur durch ein binnenmarktorientiertes, beschäftigungsintensives, verteilungsgerechtes Wachstum verringern.

Fazit: die Geschichte belegt, dass Wirtschaftsliberalismus („Der Glaube an den freien Markt") und Wirtschaftsnationalismus gefährliche Irrwege sind. Wir brauchen eine aktive gesellschaftliche Steuerung der Marktwirtschaft, um das unvermeidliche Nullwachstum der Industrieländer möglichst sozial, nachhaltig und lebenswert zu gestalten, bzw. um in der Dritten Welt ein Wachstum zu erzeugen, das die Einkommen der Armen, nicht der Reichen erhöht.

TEIL I: INDUSTRIELÄNDER

Die Wirtschaftsgeschichte der Industrieländer ist geprägt von den jeweils vorherrschenden wirtschaftspolitischen Ideologien: Merkantilismus, klassischer Liberalismus, Keynesianismus, Neoliberalismus. Die Ideologien unterscheiden sich primär hinsichtlich des Vertrauens in die Kräfte des freien Marktes und des Umfangs der notwendigen bzw. zulässigen Staatsinterventionen in die Marktwirtschaft. Ein Wechsel zu einer neuen Ideologie findet immer dann statt, wenn die bestehende in eine Krise gerät.

Der klassische Liberalismus setzte sich im 19. Jahrhundert durch, als der feudalistische Obrigkeitsstaat zur Fessel der sich dynamisch entwickelnden kapitalistischen Marktwirtschaft wurde. Die Weltwirtschaftskrise 1929 beendete die Epoche des klassischen Liberalismus und führte zum Wechsel zur nachfrageorientierten, staatsinterventionistischen (‚keynesianischen') Wirtschaftspolitik. Die Ölkrisen von 1973 und 1978 führten dann wieder zur Rückkehr zum klassischen Liberalismus, der zunächst unter dem Etikett ‚Neoliberalismus' propagiert wurde, um nicht mit dem Desaster der Weltwirtschaftskrise in Verbindung gebracht zu werden. Seit dem Beginn der 80er Jahre prägt der ‚Neoliberalismus' die Wirtschafts- und Sozialpolitik aller Industrieländer, wenn auch Teile des in der keynesianischen Epoche entstandenen Sozialstaats noch erhalten geblieben sind.

Im Folgenden soll kurz, stichwortartig in Erinnerung gerufen werden: welche wirtschaftspolitischen Instrumente wurden in den drei wirtschaftspolitischen Epochen zum Einsatz gebracht? Wie haben sich als Folge Wachstum, Beschäftigung, Verteilung, wirtschaftliche Stabilität entwickelt?

1 Epoche des klassischen Liberalismus (Industrielle Revolution bis 1930er Jahre)

1.1 Theoretische Grundlagen

Zu Beginn der Frühindustrialisierung Ende des 18. bzw. Anfang des 19. Jahrhunderts besteht eine starke Steuerung und Kontrolle der Wirtschaft durch die absolutistischen Feudalstaaten. Durch enge Kooperation von entstehendem Unternehmertum und Staat soll der Reichtum des Landes, zumindest des Adels und Bürgertums, vermehrt werden (Merkantilismus). Durch Importbeschränkungen und Exportförderung soll eine positive Handelsbilanz erreicht werden, was wiederum den Wohlstand des ganzen Landes mehren soll.

Gegen die Bevormundung des Privatkapitals durch den Staat wendet sich der klassische Liberalismus (Adam Smith: Wohlstand der Nationen 1776)[3]. Die Steuerung der Wirtschaft durch die unsichtbare Hand des Marktes und die Reduzierung der Rolle des Staates auf das Niveau eines Nachtwächters wird gefordert, damit der Markt Vollbeschäftigung und Wohlstand für alle erzeugen kann. Bezogen auf den Außenhandel wird der Freihandel und damit die internationale Konzentration der Produktion auf den jeweils kostengünstigsten Standort propagiert (D. Ricardo 1817).

Ab den 1870er Jahren wird an den wirtschaftswissenschaftlichen Lehrstühlen Europas Adam Smiths klassische Wirtschaftstheorie abgelöst durch die Neoklassik (z. b. Leon Walras: Mathematische Theorie der Preisbestimmung der wirtschaftlichen Güter 1874, Carl Menger als Begründer der ‚Österreichischen Schule'[4]): Güterpreise werden nun anders erklärt (aus dem subjektiven Nutzen der Konsumenten anstatt aus der aufgewandten Arbeitszeit der Produzenten), die Konsequenzen für die Wirtschaftspolitik sind aber dieselben: der freie Markt führt automatisch zu einem allgemeinen Gleichgewicht mit

Vollbeschäftigung und maximalem Wohlstand, staatliche Wirtschaftspolitik ist überflüssig und schädlich. Während sich Adam Smith hundert Jahre zuvor gegen den Merkantilismus der absolutistischen Feudalstaaten wandte, sahen die Neoklassiker die aufkommende Arbeiterbewegung als Gegner der freien Marktwirtschaft und ergriffen entsprechend Partei in den öffentlichen Debatten.

1.2 Umsetzung

Zu Beginn des 19. Jahrhunderts setzt sich der klassische Liberalismus in der Wirtschaftspolitik durch - zunächst in Großbritannien und den USA („Manchester-Kapitalismus"), später nach den Napoleonischen Kriegen ab 1815 auch im übrigen Europa. Entgegen der liberalen Ideologie gibt es gelegentlich staatliche Eingriffe in das Wirtschaftsgeschehen (Beispiele Deutsches Reich: Schutzzölle für Getreide oder Stahl im nationalen Interesse, Verstaatlichung der Eisenbahn, um deren Ausbau zu forcieren, Einführung einer rudimentären Kranken- und Rentenversicherung, um die unruhige Arbeiterschaft zu befrieden), die jedoch keine Abkehr vom liberalen Dogma darstellen. Nach der staatlich gesteuerten Kriegswirtschaft 1914-18 gibt es noch einmal eine Rückkehr zum Liberalismus bis zur Weltwirtschaftskrise 1929.

1.3 Wirtschaftliche Entwicklung: Wachstum und Krisen

Die wirtschaftliche Entwicklung des 19. Jahrhunderts ist geprägt von stürmischen Wachstumsphasen und häufigen Krisen (u.a. 1837, 1857, 1873-1896, 1907, 1929),[5] sowie von Armut und großen Einkommensunterschieden.
Trotz Wirtschaftswachstum gab es im Europa des 19. Jahrhunderts immer ein Überangebot an Arbeitskräften auf dem Arbeitsmarkt. Dies war auf die ständige Freisetzung von Arbeitskräften aus Landwirtschaft und Handwerk sowie auf das hohe Bevölkerungswachstum zurückzuführen, das wiederum bedingt war durch den medizinischen Fortschritt bei Fortbestand einer hohen

Geburtenrate (analog zur Dritten Welt heute). Das Überangebot
an Arbeitskräften führte auf dem unregulierten Arbeitsmarkt –
ungestört durch Gewerkschaften, Tarifverträge, Mindestlöhne,
Kündigungsschutz, Arbeitslosenhilfe etc. – zu niedrigen, stagnierenden oder phasenweise sogar sinkenden Reallöhnen und zu
sich verschlechternden Arbeitsbedingungen[6]. Die Armut löste
folgende Entwicklungen aus:

- Millionen Europäer wanderten zwischen Mitte des 19.Jahr-
  hunderts bis zum Ersten Weltkrieg nach Nordamerika und
  Australien aus. Die meisten weißen Amerikaner haben Vor-
  fahren, die in dieser Periode eingewandert sind.

- angesichts des offensichtlichen Elends kümmerten sich
  zahlreiche bürgerliche und religiöse Wohltätigkeitsvereine
  um Arme, Waisen, Kranke und Alte, die sich nicht selbst
  helfen konnten. Der Wohlstand des Bürgertums löste bei einem Teil seiner Angehörigen offensichtlich ein ‚schlechtes
  Gewissen' aus, da Gleichheit und Gerechtigkeit zu den Wer-
  ten ihrer Kultur gehörten.

- es entstand die Arbeiterbewegung, die für höhere Löhne, das
  Recht auf Gründung von Gewerkschaften, Begrenzung der
  Arbeitszeit, Kündigungsschutz, bessere Arbeitsbedingun-
  gen, Anspruch auf staatliche Hilfe bei Arbeitslosigkeit,
  Krankheit und Invalidität kämpfte (anstatt um Almosen bei
  mildtätigen Organisationen betteln zu müssen). Von den
  Forderungen wurden bis zum Ende der 1920er Jahre nur we-
  nige umgesetzt.

Der klassische Liberalismus endete mit der Weltwirtschaftskrise: der Wirtschaftsaufschwung der 20er Jahre („Roaring
Twenties", Wachstum durch neue Technologien: Elektrizität,
Radio, Automobil, Fließbandfertigung) ging mit einer stark
wachsenden Einkommensungleichheit einher (USA: die Produktivität stieg vier Mal so schnell wie das Lohnniveau[7]). Das
Kapital, das sich bei Unternehmen und der wohlhabenden Oberschicht ansammelte, floss mangels ausreichender produktiver
Investitionsmöglichkeiten (Überkapazitäten in der Industrie)

zunehmend in die Aktien- und Immobilienspekulation, wo sich höhere Renditen erzielen ließen. Die Spekulationsblase an den Aktienbörsen platzte in den USA im Oktober 1929, was aufgrund der unzureichenden Bankenregulierung zu einigen Bankenzusammenbrüchen führte und die bereits kurz vorher eingesetzte Rezession verschärfte.

Die amerikanische Regierung unter Präsident Hoover interpretierte die Rezession im Lichte der herrschenden neoklassischen Wirtschaftstheorie: nicht nur die Aktienkurse, sondern das gesamte Preis- und Lohnniveau waren überhöht, die Geldmenge war aufgebläht. Folglich war eine Deflationspolitik angesagt: die Preise und Löhne mussten wieder auf den ‚Gleichgewichtswert' sinken, um die Nachfrage nach Waren und Arbeitskräften anzuregen und so die Arbeitslosigkeit zu beseitigen. Staatsausgaben wurden gekürzt, um Verschuldung zu vermeiden, Geldmenge und Zinsen zu senken und billiges Kapital für Unternehmensinvestitionen bereitzustellen. Die zusammenbrechenden Banken wurden bewusst nicht gerettet, um die Geldmenge zu reduzieren. Die Krise wurde als eine vorübergehende, notwendige „Reinigungskrise" betrachtet.

Die Deflationspolitik bewirkte jedoch genau das Gegenteil des Erwarteten: die Wirtschaft der USA schrumpfte 4 Jahre kontinuierlich, bis sie 1933 den Tiefpunkt erreichte. Obwohl das Preisniveau um 25% zurückgegangen war, sank das BSP real um ein Drittel, obwohl das Lohnniveau um 60% zurückgegangen war, stieg die Arbeitslosenrate auf 25%. Ein Drittel der Banken war zusammengebrochen, der Dow Jones lag 90% unter seinem Höchststand[8]. (Analog verlief die Entwicklung in Deutschland unter Reichskanzler Brüning).

In der Weltwirtschaftskrise offenbarte sich der Denkfehler der neoklassischen (angebotsorientierten) Wirtschaftstheorie: die Verbesserung der Investitionsbedingungen (Senkung von Löhnen, Steuern und Zinsen) führt zu keinerlei Investition, wenn die bestehenden Produktionskapazitäten mangels Nachfrage nicht ausgelastet sind. Stattdessen verringern die sinkenden Löhne und Staatsausgaben die Nachfrage und damit die

Kapazitätsauslastung weiter und verschärfen die Krise. Die internationale Wettbewerbsfähigkeit verbessert sich nicht, wenn alle konkurrierenden Industrieländer dieselbe Politik betreiben. Das angebotsorientierte Krisenmanagement ist nicht nur wirkungslos, sondern kontraproduktiv (Spirale abwärts).

2 Epoche der keynesianischen Wirtschaftspolitik (1930er bis 1970er Jahre)

Die Weltwirtschaftskrise 1929 erschüttert das Vertrauen in die Kräfte des freien Marktes und die zugrunde liegende Ideologie des klassischen Liberalismus. Das offensichtliche Scheitern des liberalen Kapitalismus löst folgende Gegenbewegungen aus:

- In Deutschland, Ungarn, Rumänien, Bulgarien, Portugal, Griechenland, Österreich, Spanien kommen zwischen 1930 und 1939 rechtsnationale und faschistische Kräfte an die Macht. In Italien und Polen sind sie es schon seit den 1920er Jahren. Sie praktizieren einen nationalistischen Staatsinterventionismus, der nahtlos in die Kriegswirtschaft des Zweiten Weltkriegs übergeht. Infrastruktur und Rüstungsindustrie werden ausgebaut. Durch Im- und Exportbeschränkungen soll eine maximale wirtschaftliche Autarkie erreicht werden. Der Krieg soll den Wohlstand der eigenen Nation durch Annektion, Plünderung, Ausbeutung anderer Nationen erhöhen. Die Ära des nationalistischen Staatsinterventionismus endet 1945 in den Ruinen des Zweiten Weltkriegs.

- In Frankreich und Spanien kommen 1936 kurzzeitig linke Volksfrontregierungen an die Macht, in Spanien gefolgt vom Bürgerkrieg, in dem sich die faschistischen Gegner durchsetzen. Als Folge des 2. Weltkriegs kann die Sowjetunion nach 1945 den von ihr vom Faschismus befreiten osteuropäischen Ländern ihre sozialistische Planwirtschaft aufoktroyieren. 1990 kollabiert dieses Wirtschaftsmodell.

- John M. Keynes macht die Fehler der vorherrschenden neoklassischen Wirtschaftstheorie verantwortlich für die falsche Wirtschaftspolitik während der Weltwirtschaftskrise und entwickelt eine neue makroökonomische Theorie und Politik. In den USA unter Präsident Roosevelt („New Deal") und Großbritannien kommt die Politik schon in den 1930er

Jahren erfolgreich zum Einsatz, nach 1945 wird sie zum Standard in allen marktwirtschaftlichen Ländern.

In dem vorliegenden historischen Rückblick soll nur die keynesianische Wirtschaftspolitik weiter betrachtet werden – Faschismus und sozialistische Planwirtschaft haben sich bekanntlich nach kurzer Zeit aus der Geschichte verabschiedet.

2.1 Theoretische Grundlagen

Keynes begründet, dass Rezessionen und Arbeitslosigkeit nicht aus überhöhten Löhnen, sondern aus Mangel an gesamtwirtschaftlicher Nachfrage zu erklären sind. Folglich ist als Krisenmanagement nicht eine deflationistische Politik, sondern eine kreditfinanzierte Steigerung der Staatsausgaben zu fordern (antizyklische Fiskalpolitik).

Grundaussage der keynesianischen bzw. nachfrageorientierten Ansätze der Wirtschaftswissenschaften: der Marktmechanismus allein ist nicht in der Lage, alle wirtschaftspolitischen Ziele (Wachstum, Wohlstand, Vollbeschäftigung, Stabilität, soziale Gerechtigkeit, soziale Sicherheit) zu realisieren. Nur durch geeignete Eingriffe des Staates in den Marktmechanismus kann der Wirtschaftsprozess so gelenkt werden, dass die wirtschaftspolitischen Ziele erreicht werden. Die zentrale Variable im Wirtschaftskreislauf und Ansatzpunkt für wirtschaftspolitische Eingriffe ist die Nachfrage: Produktion, Beschäftigung, Investitionen setzen eine ausreichende monetäre Nachfrage voraus.

2.2 Umsetzung

Der Wiederaufbau nach dem Zweiten Weltkrieg findet überall auf der Basis einer keynesianischen Wirtschaftspolitik statt, wobei der Wohlfahrtsstaat („soziale Marktwirtschaft") eine Verelendung wie in den Dreißiger Jahren verhindern soll. Ziel ist, eine politische Radikalisierung wie in der Vorkriegszeit zu verhindern, sowie eine positive Alternative zu den entstehenden sozialistischen Staaten zu bieten (Armut galt als „Nährboden des Kommunismus").

Einzelne Maßnahmen:

- **Regulierung des Arbeitsmarktes:** Kündigungsschutz, Flächentarifverträge, Gewerkschaftsrechte, Streikrecht, betriebliche Mitbestimmung, Mindestlöhne, Arbeitszeitgesetze, Verkürzung der Wochenarbeitszeit, 5-Tage-Woche, Urlaubsanspruch, Vorruhestand

- **Aufbau von sozialen Sicherungssystemen:** Kranken-, Renten-, Pflege-, Arbeitslosenversicherung, Sozialhilfe, Lohnfortzahlung im Krankheitsfall, Arbeitsbeschaffungsmaßnahmen

- **Erhöhung von Staatsausgaben**, speziell von staatlichen Subventionen (Nahrungsmittel, sozialer Wohnungsbau, Kultur, Forschung, Gesundheitswesen, Landwirtschaft, Bergbau, strukturschwache Gebiete, öffentlicher Nahverkehr etc.), sowie von Bildungs- und Sozialausgaben

- **Erhöhung der Unternehmens-, Vermögens-, Einkommenssteuern:** Ziel ist Einkommensumverteilung (Steuerprogression) und die Finanzierung der staatlichen Infrastruktur

- **Bereitstellung von öffentlichen Dienstleistungen:** Bildung, Gesundheit, Pflege, Wasser, Energie, Öffentlicher Nahverkehr, Bahn, Straßenbau, Häfen, Flughäfen, Post, Telekom, Müllabfuhr, Sparkassen, Sicherheitsdienste, kommunaler Wohnungsbau, etc.

- **Staatliche Regulierungen:** Finanzwesen, Luftfahrt, Rundfunk/TV, Telekom, Energiewirtschaft, Arbeits-, Verbraucher-, Mieter-, Umweltschutz, Gesundheit, Sicherheit

- **Preiskontrollen, Preisstabilisierung:** Grundnahrungsmittel, Rohstoffe, Energie, Wasser, Zinsen

- **Konjunkturpolitik:** Rezessionen werden durch kreditfinanzierte Konjunkturprogramme (deficit spending) bekämpft, flankiert von expansiver Geldpolitik

- **Regulierung der internationalen Finanzmärkte:** Devisen-, Kapitalverkehrskontrollen, feste Wechselkurse

- **Regulierung der internationalen Güter- und Dienstleistungsmärkte:** Zölle und anderen Importrestriktionen

Nach dem Krieg wurden zahlreiche internationale Institutionen geschaffen, die eine Regulierung und Steuerung der Ökonomie auf internationaler Ebene zum Ziel hatten:
Der 1944 gegründete IWF hatte die Aufgabe, die Einhaltung der in dem Abkommen von Bretton Woods definierten festen Wechselkurse sicherzustellen.
Die 1957 gegründete EWG vereinheitlichte die Zölle und unterstützte den Wiederaufbau Europas durch Förderung der Montanindustrie, der Landwirtschaft (Stabilisierung und Erhöhung der Agrarpreise durch Stützungskäufe) sowie der strukturschwachen Regionen (Strukturfonds).

2.3 Wirtschaftliche Entwicklung: Wachstum ohne Krisen

Mit Hilfe der keynesianischen Wirtschaftspolitik gelang in den 30er Jahren die Überwindung der Weltwirtschaftskrise. Nach dem Zweiten Weltkrieg folgte eine fast 30-jährige Phase starken Wirtschaftswachstums („Wirtschaftswunder", „The Golden Age", „Les Trente Glorieuses") ohne größere Krisen. Motor dieses Wachstums war die gleichzeitige Steigerung von Arbeitsproduktivität und Reallöhnen, wodurch die Nachfrage für die steigende Güterproduktion erzeugt wurde. Reallohnsteigerungen konnten durchgesetzt werden durch die Regulierung des Arbeitsmarktes (s.o.) und die Abschottung vor Konkurrenz aus Niedriglohnländern durch Importbeschränkungen.

Die Ungleichheit der Einkommensverteilung, die vor der Weltwirtschaftskrise existierte, wurde deutlich reduziert (s. Kap 1.3). Die Arbeitslosigkeit wurde fast vollständig beseitigt, es kam sogar zum Import von ‚Gastarbeitern' aus ärmeren Nachbarländern.

Die keynesianische Epoche endete mit den Ölkrisen 1973 und 1978. Die Aufrechterhaltung der festen Wechselkurse wurde Anfang der 1970er Jahre immer schwieriger (immense Stützungskäufe der Zentralbanken, die die Geldmenge erhöhten).1971 wurde die Goldbindung des Dollars aufgegeben, 1973 die festen Wechselkurse. Die plötzliche starke Abwertung des Dollars motivierte die OPEC 1973 und 1979 zur Vervielfachung der (in Dollar notierten) Rohölpreise, was weltweit zu steigender Inflation führte[9]. Angesichts des ‚leergefegten Arbeitsmarkts' (Arbeitslosenquoten 1972 unter 2%) konnten die Gewerkschaften zunächst hohe Lohnforderungen durchsetzen, die die ölpreisbedingte Inflation ausgleichen sollten. Das Ergebnis waren weiter steigende Preise (Lohn-Preisspirale). Die Zentralbanken erhöhten zur Inflationsbekämpfung die Zinsen (bis zu 20%), was wiederum zu Stagnation der Wirtschaft, sinkenden Unternehmensgewinnen, steigender Staatsverschuldung führte (Ölkrisen 1973 und 1978).

Unternehmerverbände nutzten die Krise, um ihre Forderung nach Senkung von Löhnen, Sozialabgaben und Unternehmenssteuern sowie nach Privatisierung und Deregulierung zu verstärken. Ziel war, die Profitabilität ihrer Unternehmen zu erhöhen, neue Investitionsmöglichkeiten durch die Privatisierungen zu erschließen und lästige Einschränkungen der Unternehmerfreiheit loszuwerden. Die Erhöhung der Arbeitslosigkeit als lohnsenkende Maßnahme wurde dabei bewusst in Kauf genommen. Die ‚wissenschaftliche' Legitimierung dieser Forderungen lieferte der Neoliberalismus, der infolge der beiden Ölkrisen von einer akademischen Randerscheinung zum politischen und wirtschaftswissenschaftlichen Mainstream werden konnte.

3 Neoliberalismus (ab Ende der 1970er Jahre)

3.1 Theoretische Grundlagen

In den 60er und 70er Jahren wurde vor allem von Milton Friedman, Hayek, Laffer, Stockman („Supply Side Economics") die Rückkehr zur klassischen (Adam Smith, D. Ricardo) und neoklassischen (L. Walras) Wirtschaftstheorie aus dem 18. und 19. Jahrhundert – ergänzt um einige Studien zu Geldmenge und Inflation (Monetarismus) – propagiert (zunächst unter dem Etikett ‚Neoliberalismus', um nicht mit dem Desaster der Weltwirtschaftskrise identifiziert zu werden).

Grundhypothese: der Marktmechanismus verwirklicht allein alle wirtschaftspolitischen Ziele (Wachstum, Wohlstand, Vollbeschäftigung, Preisstabilität). Es gibt kein Marktversagen, das durch staatliche Aktivitäten auszugleichen wäre. Im Gegenteil, Marktversagen entsteht ausschließlich durch staatliche Eingriffe in die Marktwirtschaft:

- Arbeitslosigkeit entsteht durch überhöhte, d.h. nicht marktkonforme Löhne
- Alle staatlichen Regulierungen und Maßnahmen (z.B. Kündigungsschutz, Umweltauflagen, Subventionen, öffentliche Dienstleistungen, Regulierung der Finanzmärkte) führen zu einer suboptimalen Allokation von Kapital und Arbeit und damit zu Wachstums- und Wohlstandseinbußen
- Das Angebot schafft sich in der Marktwirtschaft seine eigene Nachfrage. Privatunternehmen werden durch Steuern, Sozialabgaben und staatlichen Regulierungen daran gehindert, ein Maximum an Gütern und Dienstleistungen ‚anzubieten', was wiederum zu Wachstums- und Wohlstandseinbußen führt
- Inflation entsteht durch Staatsverschuldung und falsche Geldpolitik des Staates

Daraus leiten sich folgende wirtschaftspolitische Kernforderungen ab:

- Senkung des Lohnniveaus durch Deregulierung des Arbeitsmarktes
- Senkung der Lohnnebenkosten durch Abbau der Sozialleistungen und -versicherungen
- Rückzug des Staates aus der Wirtschaft (Senkung von Steuern, Staatsausgaben und Staatsverschuldung, Privatisierung, Deregulierung)
- Restriktive Geldmengensteuerung durch unabhängige Zentralbanken[10]

Während die keynesianische (nachfrageorientierte) Wirtschaftspolitik Wachstum, Wohlstand und Vollbeschäftigung über Schaffung von zusätzlicher Nachfrage (Erhöhung von Löhnen, Sozialleistungen und Staatsausgaben) erreichen will, will die neoliberale (angebotsorientierte) Wirtschaftspolitik dieselben Zielen mit genau den entgegen gesetzten Maßnahmen erreichen: durch Verringerung von Löhnen, Lohnnebenkosten, Staatsausgaben, Steuern[11].

Auf diesen Grundhypothesen baut die klassische Freihandelsdoktrin auf: wenn jedes Land seine Produktion auf die Wirtschaftssektoren mit der relativ höchsten Arbeitsproduktivität beschränkt und alle übrigen benötigten Güter importiert (d. h. seine komparativen Kostenvorteile nutzt), wird international die Produktionsmenge und damit der Wohlstand maximiert. Die These beruht auf folgender Annahme: es gibt keine Arbeitslosigkeit - Arbeitskräfte, die in den Sektoren mit geringer Produktivität freigesetzt werden, werden sofort in den Sektoren mit hoher Produktivität eingestellt. Die Verfügbarkeit von Arbeitskräften ist der limitierende Faktor für das Wirtschaftswachstum. Weitere Annahmen: Absatz der erzeugten Produktionsmenge, Preise, Löhne, Einkommen, Wechselkurse, technischer Fortschritt sind irrelevant.

Diese Theorie wurde noch einmal erweitert um den Aspekt der steigenden Skalenerträgen (economies of scale): in vielen

Betrieben könnten durch Erhöhung der Produktionsmenge die Arbeitskosten pro Stück gesenkt werden – allerdings verhindert die Begrenztheit des Binnenmarktes die Ausnutzung dieses Skaleneffekts. Wenn zwei Länder sich auf jeweils unterschiedliche Wirtschaftssektoren beschränken und das jeweils andere Land mitbeliefern, kann dieselbe Produktionsmenge in größeren Betrieben mit insgesamt weniger Arbeitskräften hergestellt werden. Die obige Annahme – es gibt keine Arbeitslosigkeit – gilt weiterhin: die freigesetzten Arbeitskräfte werden sofort zur weiteren Steigerung der Produktion und des Wohlstands eingesetzt. Diese Theorie der ‚economies of scale' wurde zur Begründung des EU-Binnenmarkts (Cechini-Report 1988) herangezogen, ebenso zur Legitimation anderer Freihandelsabkommen und der WTO.

Daraus leiten sich folgende wirtschaftspolitische Kernforderungen ab:

- Deregulierung der internationalen Kapitalmärkte
- Deregulierung der internationalen Waren- und Dienstleistungsmärkte (Freihandel)

3.2   Umsetzung

Seit Ende der 70er Jahre sind in fast allen Industrieländern folgende Strukturreformen durchgeführt worden:

- **Deregulierung des Arbeitsmarktes**: Abbau des Kündigungsschutzes, der Flächentarifverträge, der Gewerkschaftsrechte, der Mindestlöhne/Sozialhilfesätze, der Arbeitszeitgesetze (Flexibilisierung, Nacht-, Wochenendarbeit); Verlängerung der Wochenarbeitszeit, Ermöglichung von prekären Beschäftigungsverhältnissen: Leiharbeit, befristete Verträge, Mini-Jobs, Scheinselbständigkeit, etc.

- **Abbau der sozialen Sicherungssysteme** (Kranken-, Renten-, Pflege-, Arbeitslosenversicherung, Sozialhilfe), Verringerung der Leistungen, Erhöhung Zuzahlung,

Notwendigkeit privater Zusatzversicherungen, Erhöhung des Renteneintrittsalters, Abschaffung von Vorruhestandsregelungen

- **Abbau von Staatsausgaben**, speziell von staatlichen Subventionen (Nahrungsmittel, sozialer Wohnungsbau, Kultur, Forschung, Gesundheitswesen, Landwirtschaft, Bergbau, strukturschwache Gebiete, öffentlicher Nahverkehr etc.), sowie von Bildungs- und Sozialausgaben, Entlassung von Staatsangestellten, Gehaltskürzungen

- **Senkung der Unternehmens-, Vermögens-, Einkommenssteuern:** nominale Steuersätze, Verringerung der Bemessungsgrundlage, Duldung von Steuerflucht

- **Privatisierung von öffentlichen Dienstleistungen**: Bildung, Gesundheit, Pflege, Wasser, Energie, Öffentlicher Nahverkehr, Bahn, Straßenbau, Häfen, Flughäfen, Post, Telekom, Müllabfuhr, Sparkassen, Sicherheitsdienste, kommunaler Wohnungsbau, etc.

- **Abbau von staatlichen Regulierungen:** Finanzwesen, Luftfahrt, Rundfunk/TV, Telekom, Energiewirtschaft; Begrenzung von notwendigen Regulierungen in den Bereichen Umwelt-, Arbeits-, Mieter-, Verbraucher-, Denkmalschutz, Gesundheit, Sicherheit

- **Abschaffung von Preiskontrollen, Preisstabilisierung**: Grundnahrungsmittel, Rohstoffe, Energie, Wasser, Zinsen, Mieten

- **Konjunkturpolitik:** Rezessionen werden durch Verstärkung der Liberalisierungsmaßnahmen (‚Strukturreformen') bekämpft, um so die Wirtschaft zu ‚dynamisieren'. Konjunkturprogramme sind tabu. Geldpolitik dient nur der Inflationsbekämpfung und darf nicht für die Konjunkturpolitik ‚missbraucht' werden.

- **Deregulierung der internationalen Finanzmärkte:** Abbau von Devisen-, Kapitalverkehrskontrollen, flexible Wechselkurse, Beseitigung von Investitionsbeschränkungen für ausländisches Kapital

- **Deregulierung der internationalen Waren- und Dienstleistungsmärkte:** Abbau von Zöllen und anderen Importrestriktionen, Freihandelsabkommen

Auch die bestehenden internationalen Institutionen werden von der neoliberalen Wende erfasst: Der IWF wandelt sich von einer Institution zur *Regulierung* der Finanzmärkte zu einer Institution zur *Deregulierung* der Weltwirtschaft: Kredite für den Ausgleich von Zahlungsbilanzdefiziten werden nur bei Durchführung von Strukturanpassungsprogrammen gewährt, die die gesamte oben beschriebene Palette an Liberalisierungsmaßnahmen umfassen.

Die Europäische Gemeinschaft verpflichtet sich 1987 in der „Einheitlichen Europäischen Akte" bis 1993 den Europäischen Binnenmarkt mit den 4 Freiheiten (Waren, Dienstleistungen, Kapital, Personen) herzustellen. Zu diesem Zweck sollen alle Normen und Zulassungsverfahren für Handelsgüter vereinheitlicht werden. Im Vertrag von Maastricht verpflichten sich die Mitgliedsländer 1992, die 4 Konvergenzkriterien (z.B. Schuldenstand < 60% des BSP, Haushaltsdefizit <3% des Haushalts) einzuhalten und 2002 den Euro als gemeinsame Währung einzuführen. Der Stabilitäts- und Wachstumspakt von 1997 sieht Sanktionen bei Nichteinhaltung der Verschuldungsgrenzen vor. Der Fiskalpakt von 2012 verlangt von allen EU-Ländern mit einem Haushaltsdefizit > 0,5% oder einem Schuldenstand > 60% des BSP ihre Staatshaushalte von der EU-Kommission genehmigen zu lassen. Die aus der keynesianischen Epoche stammenden Komponenten (EG-Agrarmarkt, Strukturfonds) existieren weiter.

Die WTO versucht seit 1995 Zölle und andere Handelshemmnisse weltweit abbauen. Neue regionale Freihandelszonen entstehen (z.B. NAFTA 1994, ASEAN-Freihandelszone 2003).

Zahlreiche bilaterale Freihandels- und Investitionsschutzabkommen wurden abgeschlossen.

Nach der Finanzkrise 2008 wurden allerdings einige Elemente der keynesianischen Konjunkturpolitik reaktiviert: einige Länder legten vorübergehend kreditfinanzierte Konjunkturprogramme auf (USA, Japan, China, Deutschland: „Abwrackprämie"), Banken wurden mit Staatsgeldern gerettet (um Bankenzusammenbrüche wie in der Weltwirtschaftskrise 1929 zu vermeiden), die Zentralbanken senkten die Zinsen auf Null und erhöhten die Geldmenge dramatisch (um eine Deflation wie in der Weltwirtschaftskrise 1929 zu vermeiden), die Bankenregulierung wurde verschärft (um Bankenzusammenbrüche bei der nächsten Finanzkrise unwahrscheinlicher zu machen). Dies ist ein Eingeständnis, dass das neoliberale Instrumentarium für das Krisenmanagement hier versagt.

Im Umweltbereich sind staatliche Regulierungen und Eingriffe in den Markt heute höher als in der keynesianischen Epoche, da es damals praktisch noch keine Umweltpolitik gab.

3.3   Wirtschaftliche Entwicklung

Über dreißig Jahre nach der ‚neoliberalen Wende' ist nun der Zeitpunkt gekommen zu prüfen, inwieweit die angestrebten wirtschaftspolitischen Ziele - Wachstum, Vollbeschäftigung, gerechte Einkommensverteilung, Stabilität, ausgeglichener Staatshaushalt, Schonung der ökologischen Ressourcen, Verbesserung der Lebensqualität - durch die neoliberalen Strukturreformen tatsächlich realisiert wurden.

3.3.1   Rückgang des Wirtschaftswachstums

Die neoliberalen Strukturreformen wurden begründet mit der zu erwartenden Steigerung des Wirtschaftswachstums und damit des Wohlstands für alle. Die Sozialkürzungen galten als ‚bittere Medizin', die notwendig sei zur ‚Beseitigung der verkrusteten alten Strukturen', die das Wirtschaftswachstum behinderten.

Realität:

Die realen Wachstumsraten der Industrieländer sind seit der neoliberalen Wende 1980 rückläufig:

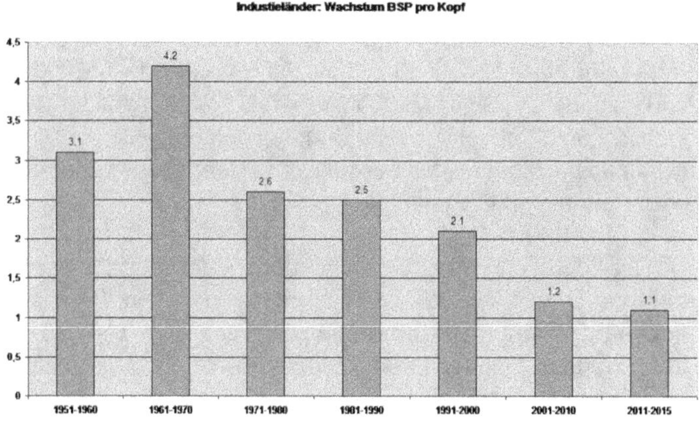

Quelle: UNCTAD Trade and Development Report 2016

Ursachen:

Die neoliberale Angebotspolitik ignoriert die Auswirkungen auf die gesamtwirtschaftliche Nachfrage: Stagnation/Senkung des Lohnniveaus, Abbau der Sozialleistungen sowie Reduzierung der Staatsausgaben verringern die private und staatliche inländische Konsumnachfrage - die beiden größten Komponenten der gesamtwirtschaftlichen Nachfrage. Die Investitionsbedingungen für das Privatkapital verbessern sich, aber (Erweiterungs-) Investitionen werden von Privatunternehmen nur dann vorgenommen, wenn die vorhanden Produktionskapazitäten ausgelastet sind und zunehmende Nachfrage in der Zukunft zu erwarten ist. Dies ist bei stagnierenden/rückläufigen privaten und staatlichen Ausgaben aber gerade nicht zu erwarten. Bei konstanten Reallöhnen führt eine steigende Arbeitsproduktivität nicht zu mehr Wohlstand, sondern zu sinkender Beschäftigung und Konsumnachfrage.

Allerdings kann die verbesserte Position im internationalen Standortwettbewerb neue Exportmöglichkeiten schaffen, die die Verringerung der Binnennachfrage mehr als ausgleicht. Einzelne Länder, die die neoliberalen Strukturreformen als erste oder besonders radikal durchgeführt haben (Großbritannien unter M. Thatcher, Irland, Niederlande, Osteuropa nach dem Zusammenbruch des Sozialismus), konnten vorübergehend so erfolgreich sein. Nachdem die Reallöhne in Deutschland von 2000 bis 2008 um 0.8% gefallen sind, hat offenbar Deutschland im Reallohnsenkungswettbewerb die Führung übernommen, was zu einer starken Erhöhung des Leistungsbilanzüberschusses im gleichen Zeitraum geführt hat.[12]

Der Denkfehler der Angebotstheoretiker besteht darin, diese Erfolge auf alle Länder der Welt übertragen zu wollen. **Die Angebotspolitik kann nicht funktionieren, wenn sie von allen konkurrierenden Ländern gleichzeitig praktiziert wird:** erstens weil dann kein Land einen Wettbewerbsvorteil erzielt (es können nicht alle Länder gleichzeitig niedrigere Lohnstückkosten oder Steuern als alle Konkurrenten haben), zweitens weil dann alle Auslandsmärkte stagnieren oder schrumpfen (wo soll die zusätzliche Auslandsnachfrage herkommen, wenn die Konsumnachfrage aller Handelspartner stagniert oder schrumpft?). Die Politik ist nur erfolgreich bei Unterbietung der Konkurrenten, d.h. setzt voraus, dass die Konkurrenten sie gerade nicht oder weniger radikal praktizieren.

Wettbewerbsvorteile durch Senkung von Löhnen und Staatsausgaben gehen schnell verloren, wenn andere Länder nachziehen. Die nachziehenden Länder haben dabei gar keine Vorteile, sondern reduzieren nur die Wettbewerbsnachteile. Was bei allen bleibt, ist der stagnierende oder sinkende Lebensstandard. Wenn einzelne Länder dies zum Anlass nehmen, durch weiteren Abbau des Sozialstaats sich wieder Wettbewerbsvorteile zu verschaffen, wird die nächste Runde der Abwärtsspirale eingeläutet. Es droht die Gefahr eines internationalen Lohnsenkungs-, Steuersenkungs- und Sozialabbauwettbewerbs, bei dem alle Ökonomien schrumpfen – Muster Weltwirtschaftskrise 1929-33.

Der Motor des ‚Wirtschaftswunders‘ der 50er und 60er Jahre in den Industrieländern war der Anstieg von Arbeitsproduktivität *und* Reallöhnen (bis zu 6% pro Jahr) – und damit von Binnennachfrage sowie staatlichen Einnahmen und Ausgaben, was den Absatz der steigenden Produktion von Gütern und Dienstleistungen ermöglichte. Dieser Motor wurde durch den internationalen Lohnsenkungswettbewerb ab 1980 abgeschaltet. Die Arbeitsproduktivität stieg weiter (wenn auch in abnehmenden Raten), während in den meisten Industrieländern die Reallöhne kaum noch wuchsen, stagnierten oder gar sanken.

Eine sinkende Lohnquote am Bruttosozialprodukt ist gleichbedeutend mit einer steigenden Gewinnquote, d.h. Kapital ist im Überfluss vorhanden. Eine wachsende Konsumnachfrage, die Investitionsmöglichkeiten für das Kapital schaffen würde, fehlt jedoch zunächst. Diese Konstellation ist die Basis für drei weitere Wachstumsmuster, die in den letzten 30 Jahren aufgetreten sind:

(1) Die Konsumnachfrage wächst trotz konstanter oder schwach wachsender Reallöhne – dadurch dass die Sparquote sinkt, bzw. die Verschuldung der privaten Haushalte steigt. Der Kapitalüberfluss finanziert Konsum auf Pump. Genau dies ist in den USA, Großbritannien, Südeuropa in den letzten 20 Jahren geschehen. In den USA stieg die Verschuldung der privaten Haushalte von 70% des Volkseinkommens 1980 auf knapp 140% 2008. Analog Großbritannien, Spanien, Irland, Griechenland. Die Überschuldung der privaten Haushalte löste die Finanzkrise 2007/2008 aus, so dass dieses Wachstumsmodell erst mal beendet sein dürfte. Der Abbau der Verschuldung wird auf Jahre das Wachstum begrenzen. Es sei denn, es wird durch eine expansive Geldpolitik der nächste schuldenfinanzierte Wachstumsschub ausgelöst (s. USA, GB seit 2009). Bis zur nächsten Schuldenkrise (s. Kap. 3.3.4 Zunahme von Finanz- und Wirtschaftskrisen).

(2) Die staatliche Nachfrage wächst trotz niedriger Steuersätze – dadurch dass die Staatsverschuldung steigt: Genau dies ist vielen Industriestaaten geschehen - in den USA z.B. von 1 Bio $ (1980) auf 16 Bio. $ 2011 (107% des BSP). Die hohen Schulden können Schuldenkrisen auslösen (Eurokrise 2010) und zwingen nun zu Sparmaßnahmen, so dass dieses Wachstumsmodell auch erst mal beendet sein dürfte (s. Kap. 3.3.5 Zunahme der Staatsverschuldung).

(3) Der Kapitalüberfluss führt zu Preisblasen auf den Immobilien- /Aktien- /Rohstoffmärkten sowie zu Überinvestitionen auf den jeweils damit verbundenen ‚Wachstumsmärkten‘: Südostasien / ‚Emerging Markets‘ (bis 1997), IT / ‚New Economy‘ (bis 2001), Immobilien (z.B. USA, Spanien, Irland bis 2008). (Weitere Beispiele für Überinvestitionen in ‚Wachstumsmärkte‘ mit anschließendem Preisverfall: Schiffbau (ab 2010), Solarzellen (2013), Erdöl-Fracking (2015)). Das daraus resultierende Wachstum endet in einer Krise, wenn die Preisblasen platzen oder die Überkapazitäten sichtbar werden (s. Kap. 3.3.4 Zunahme von Finanz- und Wirtschaftskrisen).

Diese Wachstumsmuster – Wachstum durch

- Sieg im Lohnsenkungs- und Standortwettbewerb
- Steigerung der privaten und öffentlichen Verschuldung
- Spekulations- und Investitionsblasen

haben gemeinsam, dass sie nicht ‚nachhaltig' sind, d.h. nicht dauerhaft von allen Ländern der Welt gleichzeitig praktiziert werden können, sondern nur kurze Wachstumsphasen ermöglichen und früher oder später zu Krisen führen.

Die Krisen führen dann in der Regel zur *Verstärkung* der neoliberalen Austeritätspolitik - z. B. Agenda 2010 in Deutschland nach dem Platzen der Dotcom-Blase, die Sparpolitik der Troika in Südeuropa nach der Schuldenkrise - , was wiederum die Krisen verlängert und vertieft (analog zur Weltwirtschaftskrise 1929) im Vergleich zu einer nachfrageorientierten Konjunkturpolitik.

Parallel dazu wird durch die Handelsliberalisierung Wachstum aus den Industrieländern in die Transformationsländer (Osteuropa)[13] und die Dritte Welt (vorwiegend Asien) ‚exportiert': die Produktion von einfachen Massenkonsumgütern (Textil, Elektro, Autos, Haushaltswaren), Grundstoffen (Stahl, Chemie, Bergbau) und Unternehmensdienstleistungen (BPO Business Process Outsourcing, Softwareentwicklung, Call Center) werden zunehmend in Niedriglohnländer ausgelagert. Dem Wachstumsverlust stehen zusätzliche Exporte in die Niedriglohnländer gegenüber.[14]

Fazit: der Durchschnitt der Wachstumsraten der Industrieländer geht seit 30 Jahren kontinuierlich zurück. Eine anhaltende Wachstumsdynamik, die von der neoliberalen Politik nach „Beseitigung der verkrusteten alten Strukturen" versprochen wurde, trat nicht ein. Die Opfer, die von der Bevölkerung dafür gefordert wurden, waren umsonst.

Exkurs: Anhänger der neoliberalen Strukturreformen verweisen an dieser Stelle gerne auf die Wachstumsraten der Transformationsländer (Osteuropa, Zentralasien) und der Dritten Welt, die in den letzten 30 Jahren tatsächlich zugenommen haben und seit 20 Jahren weit über denen der Industrieländer liegen:

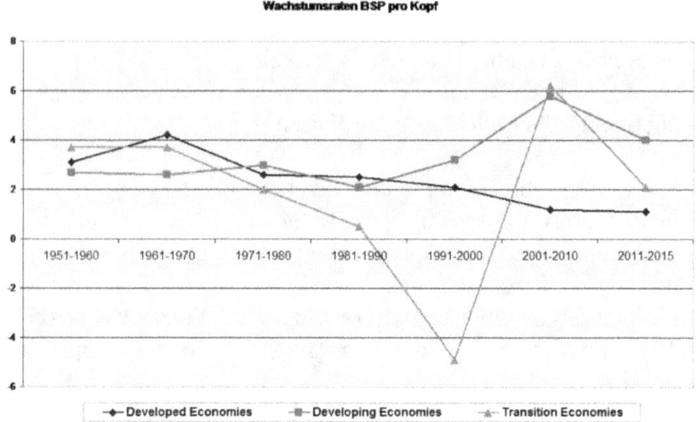

Quelle: UNCTAD Trade and Development Report 2016

Bei der Analyse des Wachstums der Transformationsländer und der Dritten Welt lassen sich folgende Wachstumstreiber finden:

(1) Ein Teil des Wachstums dieser Länder beruht, wie oben beschrieben, auf der Auslagerung der Produktion von einfachen Massenkonsumgütern, Grundstoffen und Unternehmensdienstleistungen aus den Industrieländern, d.h. auf Wachstum, das aus den Industrieländern in Niedriglohnländer ‚exportiert' wurde. Diese exportorientierte Industrialisierung fand vorwiegend in Osteuropa und Asien statt: während 1980 nur wenige asiatische Länder primär Industriegüter exportierten (Süd-Korea, Taiwan, Hong Kong, Singapur), bestehen heute die Exporte fast aller asiatischen Länder zu 50%-100% aus Industriegütern (Ausnahmen Iran, Afghanistan, Myanmar). In Afrika und Lateinamerika hat dieser Wandel der Exportstruktur nicht stattgefunden – dort dominiert weiterhin der Rohstoffexport (Ausnahmen einige Länder

,vor der Haustur' der Industrieländer wie Tunesien, Marokko, Mexiko, Costa Rica, Dominikanische Republik).

(2) Ein Teil des Wachstums der großen, wachstumsstarken Länder ist darauf zurückzuführen, dass sie die exportorientierte Industrialisierung geschickt mit der aus den 1960er und 1970er Jahren bekannten importsubstituierenden Industrialisierung kombinieren: die Exportproduktion findet statt in ,Free Production Zones' oder ,Special Economic Zones'[15], in denen Güter und Dienstleistungen für den Export hergestellt werden, wobei die notwendigen Vorprodukte zollfrei eingeführt werden können. Gleichzeitig gelten hohe Zölle für den Import von Fertigprodukten für den Binnenmarkt sowie geringere Zölle für den Import von Vorprodukten, um die einheimische Industrie zu schützen und Investitionen anzuregen. Diese Doppelstrategie wird besonders offensiv von China praktiziert, ist aber auch in Variationen in Indien[16], Thailand, Malaysia, Indonesien und anderen Ländern zu finden. Sie wird auch von primär Rohstoffe exportierenden Ländern angewandt (Russland, Brasilien, Südafrika). Resultat: neben der Exportproduktion ist die Konsumgüterproduktion für die kleine, aber wachsende Mittel- und Oberschicht die Basis des Wachstums.[17] (Daneben werden in vielen Ländern der Dritten Welt auch Importbeschränkungen zum Schutz der einheimischen Landwirtschaft aufrechterhalten. Ohne diesen Schutz könnten EU, USA, Kanada und Australien ihre hoch subventionierten landwirtschaftlichen Überschüsse dort absetzen und Millionen von Kleinbauern ruinieren – Beispiel Mexiko nach Gründung der NAFTA 1994).

(3) Ein Teil des Wachstums ist auf kräftige Reallohnsteigerungen zurückzuführen: z.B. durchschnittliche jährliche Lohnsteigerung 2000 – 2009: Osteuropa 6%, China 13%, Russland 15%[18] . Diese Lohnsteigerungen sind wiederum Basis für die lebhafte Konsumgüternachfrage, die durch die importsubstituierende Industrie befriedigt wird (s.o.)

(4) Ein Teil des Wachstums ist auf steigende öffentliche und private Verschuldung zurückzuführen – so in Südostasien bis zur Asienkrise 1996, Osteuropa 2000 bis zur Finanzkrise 2008.

(Seitdem sind Verschuldung und Wachstumsraten dort deutlich zurückgegangen). Einige wachstumsstarke Länder wie Türkei und Indien haben hohe Leistungsbilanzdefizite und wachsende Auslandsschulden – ein Wachstumstreiber, der offenbar nicht dauerhaft eingesetzt werden kann.

(5) Völlig unabhängig von der praktizierten Wirtschaftspolitik gibt es Wachstum auf Basis von Rohstoffvorkommen (OPEC-Staaten, Russland, aber auch USA, Australien, Kanada, Norwegen, etc.) und Steuerflucht (Schweiz, Irland, Luxemburg, Singapur, Hong Kong). Wenn die Rohstoffpreise weit über den Produktionskosten liegen (z.B. Erdöl), ermöglicht dies einen Wohlstandstransfer von den Import- zu den Exportländern. Analog schöpfen Steueroasen einen Teil des Reichtums der übrigen Länder ab. Die Top 20 der Länder mit dem höchsten Pro-Kopf-Einkommen der Welt besteht fast nur aus erdölexportierenden Ländern sowie Steueroasen[19] – also aus parasitärem Reichtum. Diese Länder werden nichtsdestotrotz als Vorbilder für den Rest der Welt gehandelt (Schweiz, Irland, Singapur, Hong Kong).

(6) Einen kleinen Beitrag zum Wachstum der Länder des Globalen Südens leisten die Überweisungen von Migranten, die legal oder illegal in reicheren Nachbarländern oder den Industrieländern arbeiten. Speziell in ärmeren und kleineren Ländern wie Nepal, Sri Lanka, Bangla Desh, Philippinen, Usbekistan, Kirgisien, Yemen, Guatemala, Honduras, Moldawien, Ukraine – sind die Überweisungen eine wichtige Devisenquelle und Bestandteil der privaten Nachfrage.

Fazit: die hohen Wachstumsraten in der Dritten Welt beruhen zum Teil auf der Vernichtung von Arbeitsplätzen in den Hochlohnländern, zum Teil darauf, dass die Grundsätze der neoliberalen Wirtschaftspolitik gerade *nicht* eingehalten werden: Importbeschränkungen, Reallohnsteigerungen (=Verschlechterung der internationalen Wettbewerbsfähigkeit), zum Teil auf Preisblasen auf den Rohstoffmärkten, zum Teil auf Verschuldung, zum Teil auf Steuerflucht. Wären die neoliberalen Grundsätze überall radikal umgesetzt worden (totaler Freihandel, Lohnsenkungswettbewerb, Austerität), wäre das Wachstum *geringer* gewesen, d.h. die hohen Wachstumsraten werden zu Unrecht den neoliberalen Wirtschaftsreformen zugeschrieben. Stattdessen sind sie Ergebnis eines Mix aus Regulierung und Deregulierung.

3.3.2   Zunahme der Arbeitslosigkeit

Die neoliberalen Strukturreformen werden begründet mit dem zu erwartenden Abbau der Arbeitslosigkeit.

Realität:

In den OECD-Nationen ist die Arbeitslosigkeit von einem Durchschnitt von etwa 5 Millionen 1950 bis 1973 auf 33 Mio. (2007) und 48 Mio. (2012) gestiegen. Weltweit ist die Arbeitslosigkeit von 158 Mio. (1995) auf über 200 Mio. (2012) gestiegen (ILO[20]) trotz Wirtschaftswachstums.

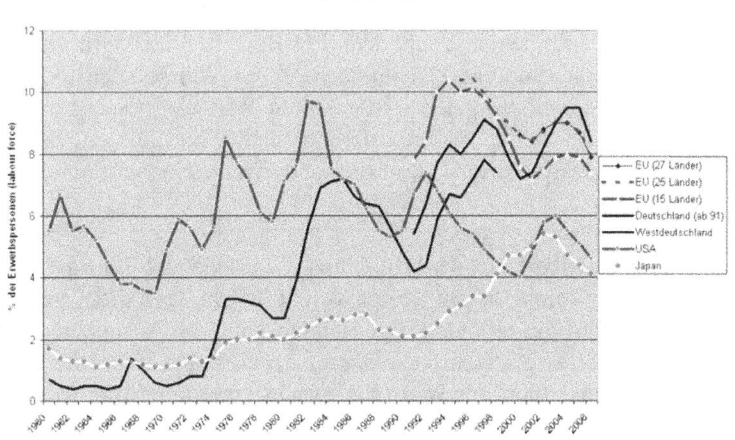

Das Schaubild geht nur bis 2008: die Arbeitslosenquote der EU stieg danach von 8% (2008) auf 12% (2013), der USA von 5,8% (2008) über 9,6% (2010) auf 7,3 (2013).[21]

Ursachen:

Das geringe Wachstum nach 1980 (s.o.) reichte nicht aus, um die Vernichtung von Arbeitsplätzen durch den **technischen Fortschritt** auszugleichen. Durch die Steigerung der Arbeitsproduktivität wurde für die Erzeugung des mäßig wachsenden BSP eine sinkende Anzahl von Arbeitskräften benötigt.

Die **Liberalisierung des Außenhandels** führt zu verschärftem Wettbewerb, der alle Betriebe zu maximaler Rationalisierung d.h. zum Abbau von Arbeitsplätzen zwingt. International nicht wettbewerbsfähigen Betriebe, Branchen und Wirtschaftssektoren, die zuvor durch Importrestriktionen geschützt waren, werden rationalisiert oder ganz vernichtet, was zu einer regionalen Spezialisierung auf einige wenige, hochproduktive Sektoren und Betriebe führt. Die Industrie- und Agrarproduktion konzentriert sich auf die produktivsten und kostengünstigsten Standorte, von wo aus der Rest der Welt beliefert wird. Global gesehen findet dadurch eine Vernichtung von Arbeitsplätzen durch Ausnutzen aller Rationalisierungspotentiale und Skaleneffekte statt. Beispiele: in Spanien nach dem EU-Beitritt, Mexiko nach der NAFTA-Gründung, Osteuropa nach der Wende stieg die Arbeitslosigkeit trotz teilweisen hohen Wirtschaftswachstums[22]. Ursache war der Rationalisierungsschub und die Vernichtung ‚unproduktiver' Betriebe ausgelöst durch die Handelsliberalisierung.

Hier offenbart sich der Denkfehler der Freihandelsdoktrin (Theorie der komparativen Kostenvorteile s. Kap. 1.1): die Konzentration auf die produktivsten Standorte und die Ausnutzung der Skaleneffekte setzen wie erwartet Arbeitskräfte frei – diese erhöhen aber nicht das Wirtschaftswachstum, sondern die Arbeitslosigkeit. Die Gesamtnachfrage steigt in einer Freihandelszone durch die Konzentration und Rationalisierung der Produktion nicht. Die bestehende Nachfrage wird lediglich mit weniger Beschäftigten befriedigt. Woher soll die Nachfrage kommen, die neue Arbeitsplätze für die freigesetzten Arbeitskräfte schafft? Diese Frage wird in der Freihandelsdoktrin nicht beantwortet. Gelegentlich wird auf zusätzliche Exporte an Drittstaaten aufgrund der Kostensenkung verwiesen – ein Effekt, der nur für einzelne, aber nicht für alle konkurrierenden Länder und Freihandelszonen gleichzeitig eintreten kann.

Die Handelsliberalisierung vernichtet außerdem Arbeitsplätze in den Industrieländern durch die Auslagerung der Produktion von einfachen Massenkonsumgütern, Grundstoffen und Unternehmensdienstleistungen in Niedriglohnländer, ohne dass die Arbeitsproduktivität dort höher ist, d.h. entgegen der Freihandelsdoktrin ist nicht die Arbeitsproduktivität, sondern die Lohnhöhe das entscheidende Kriterium für die Standortentscheidung.

Die Kürzung von Staatsausgaben und Senkung von Löhnen und Sozialleistungen vernichten Arbeitsplätze in den entsprechenden, meist arbeitsintensiven Sektoren (Öffentlicher Dienst, soziale Einrichtungen, Handel, Konsumgüterindustrie). Die Privatisierung von Staatsbetrieben führt zu einem Rationalisierungsschub mit einem entsprechenden Abbau von Arbeitsplätzen (Bahn, Post). Ebenso die Deregulierung zuvor geschützter Sektoren (Luftfahrt, Energie, Telekom). Der Abbau von Subventionen vernichtet Arbeitsplätze in den betroffenen Sektoren.

Der verschärfte internationale Wettbewerb führt zu einer Zunahme von Unternehmensfusionen und -übernahmen, wodurch weitere Rationalisierungspotentiale erschlossen werden.

Die häufigen Wirtschaftskrisen seit 1980 (s. o.) vernichteten zahlreiche Arbeitsplätze, die in den nachfolgenden Aufschwungphasen nur zum Teil wieder entstanden.

3.3.3   Zunahme der sozialen Ungleichheit

Zahlreiche empirische Studien der Einkommens- und Vermögensverteilung zeigen, dass seit der neoliberalen Wende Ende der 70er Jahre die Gegensätze zwischen Arm und Reich deutlich gewachsen sind[23] .

Das hohe Wachstum zwischen 1950 und 1980 führte zu gleichmäßigen Einkommenssteigerungen in allen Einkommensgruppen, wobei insgesamt weitaus geringere Einkommensunterschiede zwischen den Reichen und Armen bestanden als in den vorhergehenden und nachfolgenden Dekaden.

Seit 1980 kommen die Einkommenszuwächse aufgrund des (mäßigen) Wachstums vorwiegend den oberen Einkommensgruppen zugute, während die mittleren und unteren Einkommen kaum noch wachsen, stagnieren oder sogar sinken. Zusätzlich schrumpft die Mittelschicht dadurch, dass manche Mitglieder in die Schicht der Reichen und Superreichen aufsteigen, andere in die Schicht der Armen absinken.

Ursachen:

Die steigende Arbeitslosigkeit (s. letztes Kapitel) erzeugt unmittelbar Armut und führt zu einer Verstärkung der Einkommensgegensätze.

Die Arbeitslosigkeit, die Deregulierung des Arbeitsmarkts und die Schwächung der Gewerkschaften, die verschärfte Standortkonkurrenz zwischen den Industrieländern durch die Handelsliberalisierung, die ständige Drohung der Produktionsverlagerung in Niedriglohnländer senken das Lohnniveau.

Die Lohnsenkungen machen sich nicht unbedingt in den Tarifabschlüssen bemerkbar. Es werden zahlreiche Möglichkeiten genutzt, um die tatsächlich gezahlten Löhnen bei formal gleichen Lohnsätzen zu senken: Reduzierung übertariflicher Zahlungen, Outsourcing von Unternehmensbereichen in nicht tarifgebundene Betriebe, Verlassen des Tarifverbundes, Zuordnung von Tätigkeiten zu niedrigeren Tarifstufen, Einstellung neuer Mitarbeiter zu niedrigeren Löhnen für dieselbe Tätigkeit, Aufteilung von Vollzeitarbeitsstellen in mehrere Mini-Jobs (Beispiel Briefträger), Verlängerung der Arbeitszeit, Einsatz von Zeitarbeitern und Scheinselbständigen.

Discounter (Billigfluglinien wie Ryanair, Billighotels, -apotheken, -einzelhändler) üben einen Lohnsenkungsdruck auf die gesamte jeweilige Branche aus. Discounter im Einzelhandel (Walmart, Aldi, Lidl, Ikea, H&M) üben durch ihre enorme Marktmacht einen Preissenkungsdruck auf ihre Lieferanten aus, die diesen wiederum an ihre Beschäftigten weitergeben.

Konsequenz: Reallohnsteigerungen sind gering, phasenweise sogar negativ, und bleiben auf jeden Fall unter der Rate der Produktivitätssteigerung. Dies führt dazu, dass der Anteil der Lohneinkommen am Volkseinkommen sinkt (OECD-Länder von 75% 1980 auf 65% 2010 [24]), bzw. der Anteil der Kapitaleinkommen entsprechend steigt. Die Kapitaleinkommen fließen vorwiegend den reichen Haushalten zu.

Gleichzeitig verstärkt sich die Orientierung am Shareholder-Value in der Privatwirtschaft – d.h. der Erwirtschaftung einer möglichst hohen Kapitalrendite ohne Rücksicht auf die langfristigen Entwicklungsperspektiven des Unternehmens (Aktienoptionen für Führungskräfte, Unternehmensbeteiligungen von Private Equity Funds, Hedge- und Investmentfonds), d.h. auch von dieser Seite kommt ein Druck zur Erhöhung der Kapitaleinkommen auf Kosten der Lohneinkommen.

In vielen Branchen bilden sich Oligopole und Quasi-Monopole - z.B. IT- (Microsoft, Google, Facebook, Oracle, Amazon, Intel), Erdöl-, Rohstoff-, Automobil-, Pharma-, Finanzindustrie -, die extrem hohe Kapital- und Umsatzrenditen ermöglichen.

Durch die Deregulierung des Arbeitsmarktes wächst der „zweiter Arbeitsmarkt" aus befristet Beschäftigten, „freien" Mitarbeitern, Leiharbeitern, Mini-Jobbern, Scheinselbständigen, Mitarbeitern mit Werkverträgen, Praktikanten, digitale „Crowd worker", Schwarzarbeitern auf Kosten der sozialversicherten Vollzeitstellen.

Die Lohnspreizung nimmt zu[25]: Arbeitslosigkeit, Deregulierung, Tarifflucht, Senkung der Arbeitslosenhilfe (Hartz 4) führen zu Senkung des Lohnniveaus speziell im Niedriglohnbereich. Der Mangel an manchen hoch qualifizierten Fachkräften führt zu steigenden Gehältern, während die Managergehälter explodieren und quasi eine Aneignung der Unternehmensgewinne durch die Führungskräfte darstellen.

Soziale Ungleichheit verstärkt sich selbst: je höher das Einkommen, desto höher die Sparquote (bei Einkommensmillionären bis zu 90%). Der Vermögensbestand erhöht sich permanent um die laufenden Ersparnisse und generiert wieder zusätzliches Einkommen (in Form von Zinsen, Dividenden, Veräußerungsgewinnen, Mieteinnahmen), das das Gesamteinkommen und somit die Ersparnisse erhöht, die wiederum das Vermögen weiter erhöhen, etc. pp. Den Wohlhabenden stehen professionelle Vermögensverwalter zur Verfügung.

Durch den Abbau des Sozialstaats wird die Umverteilung des Einkommens zugunsten der Armen reduziert. Die Absenkung des Rentenniveaus (Deutschland: bis auf 43% des Einkommens 2030) und die unvollständigen Erwerbsbiografien erhöhen die Altersarmut. Die sinkenden Leistungen für Arbeitslose beschleunigen ihre Verarmung.

Preiswerte Wohnungen für Geringverdiener gibt es nur in Altbauten oder im Sozialwohnungsbau. Durch Neubauten verbessert sich die Lage auf dem Markt für preiswerte Wohnungen nicht. Durch Abriss und Luxusmodernisierung verringert sich der Bestand an günstigen Altbauwohnungen, während bestehende Sozialwohnungen aus der Sozialbindung herausfallen, verkauft werden und nur wenige neue Sozialwohnungen gefördert werden. Durch den Mangel an preiswerten Wohnungen im Verhältnis zur Nachfrage steigen die Mieten in diesem Marktsegment überdurchschnittlich. Als Folge geben Geringverdiener einen immer größeren Anteil ihres Einkommens für die Miete aus (und für Fahrtkosten, wenn sie billigere Wohnungen an der Peripherie mieten). Dadurch sinkt der Lebensstandard auch bei nominal gleich bleibendem Einkommen. Für die Wohnungseigentümer ergeben sich dagegen hohe Renditen auf das eingesetzte Kapital.

Durch die Verringerung der (progressiven) Einkommenssteuern, der Unternehmens- Kapital-, Erbschafts- und Vermögenssteuern, sowie durch Zunahme von Steuerflucht und Steuervermeidung wird das Nettoeinkommen der Wohlhabenden weiter erhöht.

Durch Reduzierung und Privatisierung der öffentlichen Dienstleistungen wird die Ungleichheit weiter verstärkt: gute Bildung gibt es an Privat- und Eliteschulen nur für die Reichen, gute Gesundheitsversorgung gibt es durch Privatversicherungen und – kliniken nur für die Reichen.

Die Produktionsstruktur der Industrieländer verändert sich durch Handelsliberalisierung und technischem Fortschritt: in der **Industrie** wird die Produktion von einfachen Massenkonsumgütern (Textil, Elektro, Autos, Haushaltswaren) und Grundstoffen (Stahl, Chemie, Bergbau) mehr und mehr in Niedriglohnländer bzw. Länder mit niedrigen Sozial- und Umweltstandards ausgelagert. Was bleibt ist die forschungsintensive High-Tech-Industrie (z. B. Maschinenbau, Spezialchemie, Pharma, Luft- und Raumfahrttechnik, etc.) und Luxuskonsumgüterindustrie (z. B.

Autos, Uhren, Kosmetik, etc. des „Premium Segments", bei dem
hohe Preise zum Geschäftsmodell gehören).

Im **Dienstleistung**sbereich werden Routinetätigkeiten zunehmend entweder in Niedriglohnländer ausgelagert (Back Office:
Buchhaltung, Softwareentwicklung, Call Center) oder digitalisiert (Online-Banking statt Bankfiliale). Was bleibt sind die wis-
sensintensiven High-Tech-Branchen: Finanz-, Unternehmens-,
IT-, Internetdienstleistungen, Forschung und Entwicklung, Ver-
trieb - sowie die arbeitsintensiven Low-Tech-Branchen: Trans-
port, Gastronomie, Handel, Bauhandwerk, Reinigungs-, Sicher-
heits-, Pflegedienste, Freizeiteinrichtungen, die nicht in Niedriglohnländer ausgelagert, mechanisiert oder digitalisiert werden
können.

Dieser Wandel der Produktionsstruktur erzeugt einen Wandel
der Sozialstruktur: Zuwachs an hoch qualifizierten und bezahlten Angestellten (steigende Akademikerquote), Rückgang In-
dustrie- und Büroarbeiter, Zuwachs an gering qualifizierten und
bezahlten Beschäftigten im Dienstleistungssektor[26]. Der Wandel
der Sozialstruktur verstärkt die Einkommensgegensätze: es gibt
mehr Beschäftigte mit hohen, weniger mit mittleren und mehr
mit niedrigen Einkommen. Dadurch wachsen Einkommensgegensätze auch bei konstanten Löhnen und Gehältern.

Der Wandel der Produktions- und Sozialstruktur ist geografisch
ungleich verteilt: Wachstum der Dienstleistungsmetropolen (mit
explodierende Mieten), Schrumpfung und Verarmung der In-
dustrieregionen (z.B. Rust Belt USA, Nordengland, Ruhrgebiet,
Lothringen, Wallonien) und des ländlichen Raums (Ausnahme
touristisch interessante Regionen).

In den meisten Industrieländern verringert sich dabei der Anteil
der Industrie am BSP zugunsten der Dienstleistungen: (1) die
Steigerung der Arbeitsproduktivität durch den technischen Fortschritt war in der Industrie immer höher als in den Dienstleis-
tungsbranchen (2) der Umfang der Produktionsauslagerung in
Niedriglohnländern ist in der Industrie größer als bei den Dienstleistungen (3) mit steigendem Einkommen steigt der Anteil der

Dienstleistungen an den Konsumausgaben (Hausangestellte, Reisen, Freizeit, Wellness, etc.) relativ zu dem der Industrieprodukte (Lebensmittel, Kleidung, Haushaltsgeräte, etc.) (4) wenn Industriebetriebe Verwaltungstätigkeiten, IT, Reinigung, Verpflegung etc. auslagern, um Lohnkosten zu sparen, erscheinen diese in der Dienstleistungsstatistik.

Fazit: die neoliberale Wirtschaftspolitik führt zwangsläufig zu einer ungleichen Einkommensverteilung, diese wiederum zwangsläufig zu einer ständig zunehmenden Ungleichheit der Vermögensverteilung. Dies war bereits in der Phase des klassischen Liberalismus zu beobachten. Der Erste Weltkrieg, die Inflation der 1920er Jahre, die Weltwirtschaftskrise, der zweite Weltkrieg haben enorme Vermögen vernichtet und einen Teil der Vermögenskonzentration rückgängig gemacht[27]. Die keynesianische Epoche hat die Zunahme der Ungleichheit gebremst. Seit der neoliberalen Wende wird der der freien Marktwirtschaft innewohnende Mechanismus der Vermögenskonzentration wieder voll wirksam.

3.3.4   Zunahme von Finanz- und Wirtschaftskrisen

Seit Beginn der 90er Jahren hat es eine Häufung von Finanzkrisen gegeben, die über die üblichen konjunkturellen Schwankungen hinausgingen. Vergleichbare Krisen hatte es bis dahin nach der Weltwirtschaftskrise 1929 in der keynesianischen Ära nicht gegeben[28]:

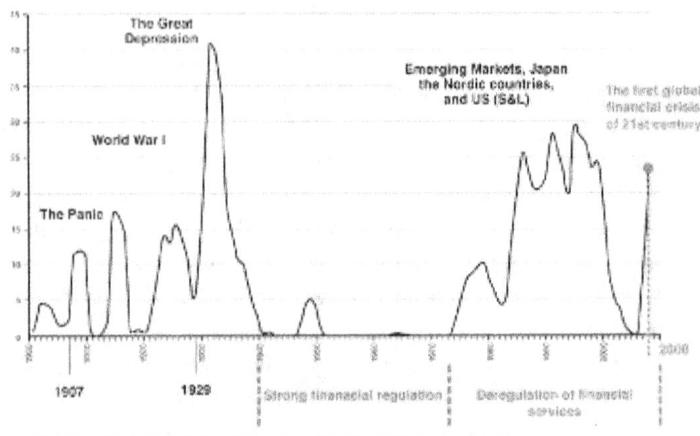

Quelle: Reinhard, Carmen / Rogoff, Kenneth: Dieses Mal ist alles anders – Acht Jahrhunderte Finanzkrisen, München 2010

Krisentypen:
A=Preisblase auf dem Aktienmarkt
B=Preisblase auf dem Immobilienmarkt
C=Bankenkrise
D=Währungskrise
E=Staatsschuldenkrise
F=Inflationskrise

		A	B	C	D	E	F
Welt-wirt-schaft skrise [29]	1929 bis 1933	X	X	X			
Eu-ropa	1940 bis 1948						X

46

Ölkri-sen	1973 1979						X
Schul-den-Krise 3.Welt	1982					X	
Hy-per-Infla-tion La-tein-ame-rika	1985 bis 1990						X
Skan-dina-vien	1991	X	X	X			
Japan	1992	X	X	X			
Me-xiko	1994	X		X	X		
Süd-ost-asien	1997	X	X	X	X		
Russ-land	1998	X		X	X	X	
Brasi-lien	1998				X		
Ar-genti-nien	2001	X	X	X	X	X	
Türkei	2001			X	X		

New Economy Crash	2001	X						
Subprime Krise	2007 bis 2009	X	X	X				
Osteuropa	2008					X		
Eurokrise	Ab 2010						X	

Ursachen für die Zunahme der Finanz- und Wirtschaftskrisen seit den 90er Jahren:

(1) Das Überangebot an anlagesuchendem Kapital führt zu Spekulationsblasen auf den Aktien- und Immobilienmärkten

Die oben beschriebene Zunahme der Einkommensungleichheit führt zu einer Anhäufung enormer Privatvermögen bei den wohlhabenden Mittel- und Oberschichten und damit zu einer starken Zunahme des anlagesuchenden Kapitals (über Banken, Versicherungen, Investmentfonds, Pensionsfonds, Hedge-Fonds, Immobilienfonds, Vermögensverwalter, Privatanleger, Unternehmen, Stiftungen). Hinzu kommt anlagesuchendes Kapital aus Staatsfonds und Zentralbanken der exportstarken Länder (OPEC, China, etc.). Das Kapital ist auf der Suche nach Anlagemöglichkeiten (Bankeinlagen, Aktien, Anleihen, Fondsanteile, Immobilien, Lebensversicherungen, Rohstoffe, Währungen, Derivate), die Kapitaleinkommen in Form von Zinsen, Dividenden, Mieteinnahmen oder Veräußerungsgewinnen versprechen. Teilweise wird das Eigenkapital der Anleger noch durch Bankkredite ergänzt (Hedge-Fonds, Erwerb von Immobilien, etc.).

Dieser schnell wachsenden Nachfrage nach Anlagemöglichkeiten stehen aufgrund der mäßig steigenden Nachfrage nach Waren und Dienstleistungen keine ausreichenden produktiven Investitionsmöglichkeiten gegenüber - anders als in den 50er bis 70er Jahren, als ein insgesamt geringeres Volkseinkommen gerechter verteilt war und durch das Wachstum der Reallöhne und der privaten Nachfrage ausreichend produktive Investitionsmöglichkeiten (oder gar Kapitalmangel) bestanden. Hinzu kommt, dass durch Senkung von Reallöhnen, Sozialabgaben und Unternehmenssteuern die Unternehmensgewinne gegenüber den 50er bis 70er Jahren deutlich gestiegen sind und für Investitionen zur Verfügung stehen. Viele Firmen haben sogar Finanzierungsüberschüsse, die sie auf den Kapitalmärkten anlegen oder für Übernahmen, Fusionen und Aktienrückkäufe verwenden.

Wird nun ein Wirtschaftssektor / eine Weltregion als Wachstumsmarkt wahrgenommen, stürzen sich Kapitalanleger und Kreditinstitute auf diese Sektoren. Dies führt zu Preissteigerungen auf den Aktienmärkten (z.B. Emerging Markets bis 1997, New Economy Boom bis 2000), auf den Immobilienmärkten (Japan bis 1991, Südostasien bis 1997, USA/GB/ Spanien/Osteuropa bis 2007, Dubai bis 2010) und auf den Rohstoffmärkten (2005-2008, 2011-2014). Die Erwartung weiter steigender Preise lockt weiteres Kapital an, das an der Erzielung von Veräußerungsgewinnen interessiert ist und damit die Preissteigerungen selbst wiederum vorantreibt. Die Erwartung weiter steigender Preise erleichtert die Aufnahme und Vergabe von Krediten, was die Nachfrage und damit die Preissteigerungen ebenfalls weiter vorantreibt. Eine Spekulationsblase entsteht.

Parallel entstehen aber auch Investitionsblasen in diesen Sektoren, da viele Investoren an dem Boom teilhaben wollen, Kredite leicht zu bekommen sind und die Wachstumsaussichten überschätzt werden– d.h. es kommt zu einem Aufbau von Überkapazitäten: IT-Sektor weltweit 2000, Immobilien Südostasien bis 1997, Immobilien USA/GB/Irland/Spanien/ Osteuropa bis 2007, Dubai bis 2010, Seeschifffahrt ab 2010 mit Schiffbestand plus -bestellungen 50% über Bedarf, Solarindustrie 2012, Erdöl durch

Fracking USA ab 2014 (Fehlallokation von Kapital durch falsche Preissignale aufgrund spekulativer Übertreibungen).

Nach dem Platzen der Blasen kann ein Teil der Kredite nicht mehr zurückgezahlt werden, d.h. die Kreditvergabe der Banken entpuppt sich als ‚Kreditblase': Investitionskredite für den Aufbau von Überkapazitäten und Bauruinen können nicht zurückgezahlt werden, Kredite für Spekulationsgeschäfte können aufgrund von Spekulationsverlusten nicht zurückgezahlt werden (Schließung von Hedge-Fonds, LTCM-Krise 1998), Hypotheken- und Konsumentenkredite der privaten Haushalte können bei sinkenden Immobilienpreisen und Einkommen nicht mehr zurückgezahlt werden.

Die Kreditausfälle und die Wertverluste von Aktienbeständen und Immobilien führen zu Bankenkrisen: die Verluste zehren das Eigenkapital auf, so dass die Banken entweder geschlossen oder vom Staat gerettet (Notkredite, Verstaatlichung, Zwangsfusionen) werden müssen.

Die Krisen auf den Aktien- /Immobilienmärkten zusammen mit den Bankkrisen münden schließlich in eine allgemeine Wirtschaftskrise (Rückgang des BSP, steigende Arbeitslosigkeit): Weltwirtschaftskrise 1929-33, Japan 1992, Asienkrise 1997-98, Subprime-Krise 2007-2009.

(2) Das Überangebot an anlagesuchendem Kapital und die Wettbewerbspolitik tragen bei zur Entstehung von Schulden- und Bankenkrisen

Ein wachsender Schuldenstand ist sowohl auf hohe Kreditnachfrage wie hohes Kreditangebot zurückzuführen. Wenn einer der beiden Komponenten fehlt, findet keine Erhöhung des Schuldenstandes statt.

Das Überangebot an anlagesuchendem Kapital (s.o.) sorgt dafür, dass die Kreditnachfrage von privaten und öffentlichen Haushalten sowie Unternehmen problemlos befriedigt werden kann. Durch den ‚Anlagenotstand' der Finanzinstitute sind die Konditionen und Kreditwürdigkeitsprüfungen großzügig und die

Zinsen niedrig. Wenn die Anlagemöglichkeiten im Inland ausgeschöpft sind, fließt das Kapital über den Interbankenmarkt, Auslandskredite oder den Erwerb ausländischer Wertpapiere ins Ausland.

In vielen Ländern hat die Stagnation der Reallöhne zur Folge, dass steigende Konsumwünsche auf Kredit befriedigt werden. Auch fehlende soziale Sicherheit von privaten Haushalten (Krankheit, Arbeitslosigkeit) kann zu steigender Verschuldung führen. Öffentliche Haushalte kompensieren rückläufige Steuereinnahmen durch Erhöhung der Staatsverschuldung. Der Versuch, die internationale Wettbewerbsfähigkeit durch Lohn- und Steuersenkungen zu verbessern, erhöht den Anreiz oder die Notwendigkeit, den privaten und öffentlichen Konsum auf Kredit zu finanzieren.
Wenn die Überschuldung der privaten Haushalte zu Zahlungsausfällen führt, kommt es zu Bankenkrisen (z.B. Subprime-Krise USA 2008). Wenn das Vertrauen der Anleger in die Zahlungsfähigkeit der öffentlichen Haushalte verloren geht, kommt es zu Staatsschuldenkrisen (Eurokrise 2010 ff).

Die Krisen werden zur Zeit durch expansive Geldpolitik bekämpft: niedrige Zinsen sollen die Verschuldung der Unternehmen sowie privaten und öffentlichen Haushalten erleichtern und so die Nachfrage erhöhen. Leider wird dadurch die Grundlage für die nächste Schuldenkrise gelegt.

(3) Die Liberalisierung des internationalen Kapitalverkehrs führt zur Häufung von Währungskrisen

Die Liberalisierung der internationalen Finanzmärkte ermöglicht es dem Kapital, ungehindert weltweit nach kurzfristigen Anlagemöglichkeiten zu suchen. Während vor der Liberalisierung die internationalen Finanzflüsse vorwiegend aus Direktinvestitionen und langfristigen Bankkrediten bestanden, ist seitdem der Anteil von kurzfristigen internationalen Finanzflüssen (Portfolio-Investitionen, kurzfristige Kredite, Kapitalflucht, Carry Trades, etc.) an den internationalen Finanzflüssen enorm angestiegen. Der Umfang der internationalen Finanztransaktionen in Relation zum BSP oder Außenhandel hat ebenfalls stark zugenommen, so dass Wechselkurse mehr durch Kapitalbewegungen als durch den Außenhandel determiniert werden.

Gerät nun eine Währung in Abwertungsverdacht, ziehen sowohl ausländische wie inländische Kapitalanleger ihr Kapital aus dem betreffenden Land ab, um Währungsverluste zu vermeiden, wodurch der befürchtete Abwertungsdruck erst erzeugt oder weiter verstärkt wird (sich selbst erfüllende Prophezeiung). Der Abwertungsdruck kann entstehen durch überhöhte fixe Wechselkurse (Mexiko 1994, Argentinien 2001) oder durch Platzen von Spekulationsblasen auf den Aktien- oder Immobilienmärkten mit Beteiligung ausländischer Investoren (Asienkrise 1997, Ungarn 2008). Der Abwertungsdruck wird erhöht durch Spekulanten, die sich in der betroffenen Währung verschulden und das geliehene Kapital in Dollar umtauschen, um es dann nach der (erzwungenen) Abwertung mit Gewinn zurückzuzahlen. Spätestens wenn die Devisenreserven der Zentralbank durch Stützungskäufe erschöpft sind, bricht der Wechselkurs ein.

Dies führt häufig zu Bankenkrisen, da durch die Kapitalflucht die flüssigen Mittel aufgebraucht werden, die Auslandsschulden in Fremdwährung sich im Wert vervielfachen, die Kreditausfälle zunehmen, die Zinserhöhungen der Zentralbank die Kosten erhöhen, kurzfristige Kredite /Anleihen durch den Vertrauensschwund nicht refinanziert werden können und es bei Anlegern gelegentlich zu ‚Bank Runs' kommt angesichts fehlender Einlagensicherung.

Eine weitere Folge sind Staatsschuldenkrisen, da die Auslandsschulden des Staates sich ebenfalls im Wert vervielfachen und die Devisen für den Schuldendienst durch den Kapitalabfluss knapp sind. Die internationalen Kapitalanleger verlieren das Vertrauen, was zu einem Absturz der Anleihekurse bzw. Anstieg der Zinsen führt. Der Staat ist nicht mehr in der Lage, fällig werdende Anleihen zu refinanzieren und ist damit bankrott.

Privatunternehmer leiden unter plötzlich steigenden Importprei-
sen und Zinsen, sinkender Nachfrage, Kreditklemme. Unterneh-
mer und Privatpersonen, die Fremdwährungskredite aufgenom-
men haben, geraten besonders leicht in Zahlungsschwierigkei-
ten.

Wird versucht, den Währungsverfall durch IWF-Notkredite zu
stoppen, kommen die krisenverschärfenden Auflagen des IWF
hinzu (Zinserhöhung, Reduzierung der Staatsausgaben, Steuererhöhung, Liberalisierung des Außenhandels)

Die Währungskrisen zusammen mit den Bank- und Schuldenkrisen münden schließlich ein eine allgemeine Wirtschaftskrise
(Rückgang des BSP, steigende Arbeitslosigkeit): Mexiko 1994,
Asienkrise 1997, Russland 1998, Brasilien 1998, Argentinien
2001, Osteuropa 2008. Die asiatischen Länder ohne liberali-
sierte Kapitalmärkte (China, Indien) wurden von der „Asien-
Krise" nicht angesteckt.

**(4) Die Deregulierung des Bankensektors erhöht das Risiko
von Bankenkrisen**

Das Risiko von Bankenkrisen soll durch die Eigenkapitalanforderungen und anderen Regulierungen minimiert werden, die von
der Bankenaufsicht überwacht werden. Die Liberalisierung der
internationalen Finanzmärkte ermöglichte es nun, dass immer
größere Teile der Finanzmärkte der Bankenaufsicht entzogen
werden:

Offshore-Banken und Hedge-Fonds werden primär zu dem
Zweck gegründet, der Bankenregulierung und Bankenaufsicht
zu entgehen. Banken lagern riskante Geschäfte in Zweckgesellschaften außerhalb der Bankenaufsicht aus.

Durch Kreditderivate (CDS) kann das Kreditrisiko an Investoren
außerhalb der Bankenaufsicht verkauft werden (Offshore-Banken, Hedge-Fonds, Versicherungen).

Durch Verbriefung von Krediten (CDO) werden Risiken versteckt und an andere Investoren weitergereicht. Durch diese Technik wird die Kreditwürdigkeitsprüfung vernachlässigt, d.h. es werden riskantere Kredite vergeben, als ohne diese Technik vergeben worden wären.

Viele Finanzprodukte (Terminkontrakte, CDS, Zinsswaps) werden nicht in der Bilanz geführt, d.h. das Risiko ist intransparent und wird durch Eigenkapitalanforderungen nicht abgedeckt.
Viele Finanzinnovationen (Zertifikate) sind so komplex, dass das Risiko nicht mehr einschätzbar ist.

Nichtstandardisierte, außerbörsliche Derivatgeschäfte (OTC-Derivate) tragen das volle Kontrahentenrisiko, erfordern keine Sicherheiten und sind für andere Marktteilnehmer und die Bankenaufsicht intransparent.

Ergebnis: die Instrumente der Bankenaufsicht, die Bankenzusammenbrüche und daraus resultierende Wirtschaftskrisen verhindern sollen, werden immer wirkungsloser.

Die großen Banken können es sich leisten, das Risiko-Controlling zugunsten der Gewinnmaximierung zu vernachlässigen, da sie wissen, dass sie im Notfall wegen ihrer ‚Systemrelevanz' vom Staat gerettet werden müssen („too big to fail", implizite Staatsgarantie, „moral hazard"). Durch die Verflechtung der Banken untereinander droht der Zusammenbruch einer Großbank, den Zusammenbruch zahlreicher weiterer Banken herbeizuführen und zwingt den Staat zu entsprechenden Rettungsaktionen in Milliardenhöhe.

Genau dies trat bei allen Bankenkrisen seit 1990 ein. Die Staatsverschuldung fast aller Länder der Welt ist 2008 / 2009 aufgrund der Bankenrettungsprogramme sprunghaft angestiegen, was zu Sparprogrammen führte, unter denen die gesamte Bevölkerung leidet. Die Finanzmarkregulierung wurde trotzdem kaum verschärft.

Eine weitere Finanzkrise der Größenordnung von 2008 /2009 können die meisten Staatshaushalte nicht verkraften. Viele Banken wären dann „too big to be saved", d.h. die Rettung durch den Staat würde einen Staatsbankrott nach sich ziehen – wie in Island und Irland bereits geschehen.

(5) Die Handelsliberalisierung führt zu einer Explosion der Leistungsbilanzdefizite und -überschüsse, die wiederum das Risiko von Finanz-, Währungs- und Schuldenkrisen bei den Defizitländern erhöhen.

Alle Länder, die nach der Finanzkrise 2008 in Schuldenkrisen unterschiedlichen Ausmaßes versanken (USA, UK, Irland, Südeuropa, Osteuropa außer Russland), hatten hohe Leistungsbilanzdefizite, die alle seit 2000 extrem stark angestiegen waren. Analog stiegen in dem Zeitraum die Leistungsbilanzüberschüsse der Erdöl (Golfstaaten, Russland, Norwegen, Angola), Low-Tech-Massenware (China, Thailand, Malaysia, Philippinen, Indonesien), sowie High-Tech und Luxuskonsumgüter exportierenden Länder (Deutschland, Japan, Schweden, Schweiz, Finnland, Niederlande, Südkorea). (Die Defizitländer hatten bis 2007 höhere Wachstumsraten als die meisten Überschussländer, seitdem nicht mehr.)

Ursachen für die steigenden Leistungsbilanzungleichgewichte:

-   Die Liberalisierung der internationalen Güter- und Kapitalmärkte nimmt den Regierungen die Möglichkeit, bei Leistungsbilanzdefiziten durch Import- und Kapitalverkehrsbeschränkungen sowie Abwertungen gegenzusteuern. Stattdessen stehen die Regierungen hilflos den wachsenden Defiziten gegenüber, die wiederum die wachsenden Überschüsse der Exportländer erzeugen.

-   Die Handelsliberalisierung vernichtet die inländische, zollgeschützte Produktion und erleichtert die Produktionsverlagerung in Niedriglohnländer. Wenn die exportorientierten Sektoren eines Landes nicht in gleichem Maße von den neuen Exportmöglichkeiten profitieren, ergibt sich als Nettoeffekt eine Steigerung des Leistungsbilanzdefizits. Entsprechend umgekehrt bei den Überschussländern. D.h. die Produktionsstruktur entscheidet darüber, ob ein Land zu den Gewinnern oder Verlierern der Handelsliberalisierung gehört. Durch die weltweit wachsende Einkommensungleichheit steigt die Nachfrage nach High-Tech- und Luxuskonsumgütern auf der einen Seite und billiger Massenware (Walmart-Sortiment) auf der anderen. Die Exporteure dieser Warengruppen (z.B. Deutschland: Luxus, China: Massenware) gehören zu den Gewinnern der Handelsliberalisierung.

- Das Überangebot an anlagesuchendem Kapital auf dem Weltfinanzmarkt erleichtert den Kapitalimport zur Finanzierung des Leistungsbilanzdefizits. Staat, Banken und Privatunternehmen können sich leicht im Ausland refinanzieren. Alle Defizitländer haben eine relativ geringe Sparquote (10-20% des BSP), so dass Konsum und Investitionen zum Teil durch Kapitalimport finanziert werden. Alle Überschussländer haben eine hohe Sparquote (20-50% des BSP), die nicht vollständig im Inland angelegt werden kann, so dass ein Teil in den Defizitländern angelegt wird und damit das Defizit finanziert.

- Viele Überschussländer haben eine unterbewertete Währung: Deutschland, Benelux-Länder, Finnland profitieren davon, dass der Euro-Kurs die wirtschaftliche Situation der gesamten Euro-Zone widerspiegelt und für ihre Wirtschaftssituation zu niedrig ist, China legt den Wechselkurs bewusst niedrig fest, Südostasien ist durch eine massive Abwertung aus der Asienkrise 1997 herausgekommen. Manche Defizitländer hatten durch den Zufluss von Anlagekapital phasenweise einen überhöhten Wechselkurs (Brasilien, Australien, UK, USA)

- Das Lohnniveau spiegelt nicht die Produktivität im internationalen Vergleich wider: Überschussländer haben sich durch Lohnzurückhaltung (keine Reallohnsteigerung trotz

Produktivitätssteigerung –z.B. Deutschland seit 2000) Wettbewerbsvorteile verschafft, Defizitländer erleiden bei Reallohnsteigerungen dadurch Wettbewerbsnachteile.

- Die extreme Steigerung der Erdölpreise seit 2000 bei gleichzeitig steigendem Konsum lässt bei den Erdöl importierenden Ländern die Importrechnung, sowie bei den Exporteuren die Exporterlöse explodieren.

Die Leistungsbilanzdefizite erhöhen die Auslandsverschuldung von Staat, Banken und Privatunternehmen. Verlieren die internationalen Kapitalanleger das Vertrauen, steigen die Zinsen, oder die Refinanzierung bestehender Schulden und die Aufnahme neuer Schulden wird ganz unmöglich (Staatsschuldenkrise, Bankenkrise). Der rückläufige Kapitalzufluss oder gar Kapitalabfluss (Kapitalflucht) führt zu starken Abwertungen (Währungskrise). Länder, deren Währungen keine internationale Reservewährung darstellen, verlieren ihre Devisenreserven und riskieren, notwendige Importe nicht mehr bezahlen zu können (Wirtschaftskrise). Die Krise der Defizitländer wirkt schließlich auf die Überschussländer zurück (Rückgang der Exporte).

3.3.5   Zunahme der Staatsverschuldung

Die neoliberalen Strukturreformen wurden begründet mit dem notwendigen Abbau der Staatsverschuldung. Die steigende Staatsverschuldung in den 70er Jahren wurden als Ursache der steigenden Geldmenge, diese wiederum als Ursache der Inflation, diese wiederum als Ursache der (‚Öl'-) Krisen 1973 und 1979 (nicht etwa die steigenden Ölpreise) angesehen.

Realität: Die Staatsverschuldung der Industrieländer ist von 40% des BSP (1980) auf über 90% (2011) gestiegen.

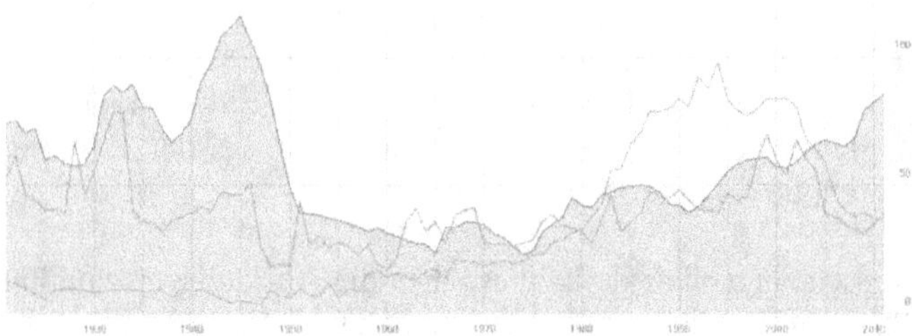

Ursachen[30]:

- Durch die Senkung der Unternehmens-, Vermögens- und Einkommenssteuern (Beispiel: USA Spitzensteuersatz der Einkommenssteuer von 70% (1980) auf 35% (2005), Körperschaftssteuer Deutschland von 56% (1980) auf 45% (1998), 25% (2001) und 15% (2008)) sollten die Investitionen und damit das Wachstums gesteigert werden, wodurch die Einnahmeausfälle des Staates mehr als ausgeglichen werden sollten. Dieses Wachstum trat jedoch nicht ein (s. Kap. 3.3.1 „Rückgang des Wirtschaftswachstums"). Was blieb, waren die Einnahmeausfälle.

- In allen Industrieländern wurden seit 1980 die Ansprüche auf staatliche Sozialleistungen reduziert. Angesichts der steigenden Arbeitslosigkeit und Armut (s. Kap. 3.3.2 „Zunahme der Arbeitslosigkeit") sanken die Sozialausgaben jedoch nicht so stark wie erwartet.

- Die Liberalisierung der internationalen Finanzmärkte war die Voraussetzung für die Entstehung von Steueroasen, die sich zu internationalen Finanzzentren entwickelt haben (die größten Finanzzentren der Welt nach London und New York sind zu einem großen Teil Steueroasen: Luxemburg, Zürich, Cayman-Islands, Dublin, Singapur, Hong Kong, Britische Kanalinseln, Bermudas, Panama City, etc.). Wohlhabende Privatanleger haben dort schätzungsweise 11,5 Bio. $

angelegt (Oxfam 2007), wodurch mindestens 250 Mrd. $ jährlich an Steuern hinterzogen werden. Neuere Studien (Tax Justice Network 2012) kommen zu noch höheren Schätzungen (21-32 Bio. $).

- Fast alle multinationalen Konzerne nutzen die Möglichkeit der Gewinnverlagerung in Steueroasen, so dass fast alle einen ‚Tax Gap' in der Buchhaltung aufweisen: die tatsächlich gezahlten Steuern stellen einen weitaus geringeren Anteil am ausgewiesenen Gewinn dar als es den Steuersätzen der Länder, in denen die Konzerne geschäftlich aktiv sind, entspricht. (2011: Apple zahlt 1% Steuern auf seinen Gewinn, Google 2%, Microsoft 11%, Coca Cola 17%[31]). Den Steuerbehörden dieser Länder entgehen dadurch weitere Milliarden. Irland ist der weltweit größte Empfänger von Lizenzgebühren, obwohl dort kaum Forschung betrieben wird – Ergebnis der Gewinnverschiebung über Lizenzgebühren. ‚Steueroptimierung' ist ein wichtiger Geschäftszweig der internationalen Unternehmensberatungsfirmen.

- Die Häufung von Wirtschaftskrisen seit 1980 (s. Kap. 3.3.4 „Zunahme von Finanz- und Wirtschaftskrisen") trug zur Erhöhung der Schuldenberge bei: in der Krise brechen die Steuereinnahmen ein, die Sozialausgaben steigen. Nach 2008 mussten darüber hinaus Milliarden für die Bankenrettung ausgegeben werden.

- In einigen Ländern gab es immense Sonderausgaben – Deutschland: überstürzte Vereinigung mit einem bankrotten Nachbarland, USA: diverse Kriege (Kosovo, Afghanistan, Irak 1, Irak 2).

Nicht nur die Staatsverschuldung, sondern auch die Geldmenge ist seit der neoliberalen Wende enorm gestiegen. Besonders die derzeitige expansive Geldpolitik verstärkt diese Entwicklung. Nach monetaristischer Überzeugung müssten die Industrieländer infolgedessen unter einer entsprechend hohen Inflation leiden. Dies ist jedoch nicht der Fall - die Inflationsrate liegt bei null Prozent, gelegentlich wird die Gefahr einer Deflation behauptet.

Die steigende Staatsverschuldung führte zwar nicht, wie prognostiziert, zu Inflationskrisen, dafür zu Schuldenkrisen (s. Kap. 3.3.4 „Zunahme der Finanz- und Wirtschaftskrisen").

3.3.6   Blockierung der Umweltpolitik

Trotz Ausbau der erneuerbaren Energien, Verringerung von Luft-/Wasserverschmutzung u.a. steigt seit 1980 die Umweltbelastung weltweit weiter an – so z.B. der jährliche CO2-Ausstoß von 18 Mio t (1980) auf über 30 Mio t (2010). Analog der CO2-Gehalt der Erdatmosphäre (+1,5 ppm pro Jahr), die Durchschnittstemperaturen von 14,0 (1980) auf 14,5 (2010) Grad – (nachdem der Anstieg von 13,6 auf 14,0 Grad rund 130 Jahre gedauert hat) und die Häufigkeit von Wetterextremen.
Der Weltverbrauch an Energie hat sich von 6000 Mio. t Öleinheiten (1980) auf 12 Mio. (2010) verdoppelt. (Bei gleich bleibender Förderungsmenge reichen die bekannten konventionellen Erdölreserven noch 46 Jahre, Erdgasreserven 60 Jahre, Uranreserven 40 Jahre, Kohlereserven noch ein paar Hundert Jahre). Analog andere mineralische Rohstoffe.[32]

Ursachen:

Das Wachstum der Weltwirtschaft erfolgt weiterhin mit ressourcenintensiven und umweltbelastenden Technologien. Die notwendige Umstellung auf nachhaltige Technologien gerät in Konflikt mit der betriebswirtschaftlichen Rationalität der Privatwirtschaft: der Konkurrenzdruck zwingt die Unternehmen dazu, Kosten durch Belastung der Umwelt und Verschwendung knapper Ressourcen zu senken. Das unternehmerische Handeln muss sich zwangsläufig an den bestehenden Preisen auf Beschaffungs- und Absatzmärkten sowie der monetären Nachfrage orientieren und kann daher langfristige ökologische Auswirkungen nicht berücksichtigen. Insbesondere die privatwirtschaftliche

Forschung und Entwicklung, und damit der gesamte technische Fortschritt, orientiert sich zwangsläufig an diesen Koordinaten.

Eine nachhaltige Produktionsweise, die die Ressourcen und Lebensbedingungen für nachkommende Generationen erhält, kann nur durch staatliche Maßnahmen (Steuern, Subventionen, Auflagen, Verbote, Investitionen, etc.) gegen die betriebswirtschaftliche Rationalität durchgesetzt werden. Diese staatlichen Maßnahmen stoßen nun auf folgende Widerstände:

Ein Teil der Maßnahmen (Ökosteuern, regenerative Energien, Emissionsgrenzen) erhöhen die Produktionskosten und verschlechtern die Position eines Landes im internationalen Standortwettbewerb. Investoren wandern an Standorte mit geringeren Umweltstandards ab, oder drohen zumindest damit, um die umweltpolitischen Maßnahmen zu verhindern. Arme Länder bieten niedrige Umweltstandards an als Anreiz für Investoren.

Ein Teil der Maßnahmen (staatliche Investitionen, Subventionen, Fördergelder) erhöhen die Staatsausgaben und stehen im Widerspruch zur neoliberalen Sparpolitik.

Ein Teil der Maßnahmen (Umwelt-, Verbraucherschutzstandards) gelten als ‚nichttarifäre Handelshemmnisse‘ und beeinträchtigen den Freihandel.

Ein Teil der Maßnahmen gefährdet die Umsätze bestimmter Branchen mit starken Lobbyverbänden (Erdöl, Automobil, Luftverkehr).

Internationale Umweltabkommen scheitern aufgrund nationaler Egoismen und Einfluss der Lobbyverbände.

Grundsätzlich stehen die staatlichen Eingriffe in den Wirtschaftsprozess im Widerspruch zu den Dogmen der neoliberalen Wirtschaftspolitik.

3.3.7   Verringerung der Lebensqualität

Bisher wurden vorwiegend empirisch messbare, ökonomische Größen (Wachstum, Einkommen, Arbeitslosigkeit, etc.) betrachtet. Wohlstand hängt nicht nur von der Höhe des Einkommens ab, sondern auch von der schwer messbaren, aber trotzdem realen ‚Lebensqualität'. Die neoliberalen Strukturreformen haben nun auch erhebliche Auswirkungen auf die Lebensqualität:

Ein Leben in ständiger Angst vor Verlust des Arbeitsplatzes oder der Wohnung, vor den finanziellen Folgen von Krankheit, vor einem Lebensende in Armut, hat z.B. eine andere Qualität als ein Leben in einer gewissen sozialen Sicherheit. Soziale Sicherheit ist über die finanziellen Leistungen hinaus ein Faktor der Lebensqualität.

Zur Lebensqualität gehört außerdem eine funktionierende öffentliche Infrastruktur in der Nähe des Wohnorts (Schulen, öffentliche Verkehrsmittel, Gesundheitswesen, Bibliotheken, soziale und kulturelle Einrichtungen, Grünanlagen), eine saubere und gesunde Umwelt, wohnliche Städte, Abwesenheit von Kriminalität.

Zur Lebensqualität gehört auch die Qualität der Arbeit: humane Arbeitsbedingungen, Gesundheitsschutz, ausreichende und planbare Freizeit (statt flexibler Arbeitszeiten zu allen Tageszeiten und Wochentagen), Arbeitnehmerrechte gegenüber dem Arbeitgeber

Alles das ist nur durch staatliche Leistungen oder durch staatliche Regulierung privatwirtschaftlichen Handelns zu erreichen – was vom Privatkapital als standortbelastende bürokratische Schikane bekämpft wird.
Der Abbau des Sozialstaats, die Reduzierung der Staatsausgaben, die Privatisierung und Deregulierung zahlreicher Lebensbereiche führen zu einer Einschränkung der Lebensqualität für Millionen von Menschen. Die Verbesserung der Investitionsbedingungen für das Privatkapital ist da nur ein schwacher Trost für die Betroffenen.

3.3.8 Entdemokratisierung der Gesellschaft

Durch die wachsende Mobilität des internationalen Kapitals wird der Handlungsspielraum demokratisch gewählter Regierungen und der Zivilgesellschaft (Gewerkschaften, NGOs, soziale Bewegungen) zur Gestaltung der Gesellschaft weiter eingeschränkt: unternehmerunfreundliche Maßnahmen werden durch Kapitalabfluss bestraft. Diesem Sanktionsmechanismus kann sich keine Regierung oder Gewerkschaft entziehen. Jeder Staat befindet sich zwangsläufig im internationalen Rationalisierungswettbewerb, Lohnsenkungswettbewerb, Steuersenkungswettbewerb und Sozialabbauwettbewerb – kurz Standortwettbewerb, um bestehende Privatbetriebe zu halten oder gar neue anzulocken.

Investitionsentscheidungen (welche Produkte werden wo wie hergestellt) werden nicht von demokratisch legitimierten Institutionen wie dem Staat im Interesse des Allgemeinwohls getroffen, sondern von demokratisch nicht legitimierten Privatunternehmen im Interesse des Wohls der Kapitaleigner. Der Staat kann durch Gesetze, Subventionen und Steuern Einfluss nehmen auf das Handeln von Privatunternehmen. Durch die Drohung der Abwanderung und anderen Einflussmöglichkeiten (s.u.) kann das private Kapital den Staat jedoch zwingen, die Eingriffe zu reduzieren oder den Interessen des Privatkapitals unterzuordnen.

Sobald ein Staat Schulden hat und diese regelmäßig auf dem Kapitalmarkt refinanzieren muss, ist er auf das Vertrauen der Kapitalanleger angewiesen. Wenn er das Vertrauen verliert, sinken die Anleihekurse, die Zinsen steigen, es kommt zu einer Schuldenkrise. Bei Staaten mit flexiblen Wechselkursen kann der plötzliche Abfluss ausländischen Kapitals zu Währungskrisen führen. Die Rücksicht auf das Vertrauen der Finanzmärkte stellt eine weitere Begrenzung des Handlungsspielraums des Staates dar. Die Finanzmärkte werden zur 4. Gewalt neben Legislative, Exekutive und Jurisdiktion.

Der wachsende Reichtum von Oberschicht und Privatunternehmen ermöglicht steigende Ausgaben für die Lobby-Arbeit:

Wirtschaftsverbände ‚beraten' die Ministerien bei der Ausarbeitung von Gesetzen (wobei sie Gesetzestexte vorformulieren und ‚Experten' direkt in den Ministerien mitarbeiten), Parteien und Wahlkämpfe werden finanziert, Politiker werden durch Zuwendungen, Einladungen und Nebenverdienste belohnt, Personalwechsel zwischen Politik und Wirtschaft organisiert. Wirtschaftsfreundliche Think Tanks mit großen Budgets versorgen Politik und Medien mit ‚Studien' und Argumentationshilfen. Die traditionelle Gegenlobby des Unternehmerlagers – die Gewerkschaften – hat dagegen in den vergangenen Jahrzehnten stark an Bedeutung verloren.

Zur neoliberalen Privatisierungspolitik gehört immer auch die Privatisierung der Medien. Ein privates Medienunternehmen kann politisch nicht neutral sein: es liegt im Interesse des Unternehmens, inhaltlich unternehmerfreundliche Positionen zu vertreten. Viele Medienunternehmen kontrollieren die Politik bewusst (Murdoch, Springer) oder gehen selbst mit Unterstützung ihres Medienkonzerns in die Politik (Berlusconi, Blocher, Pinera). Politiker wie Blair geben offen zu, vor politischen Entscheidungen die zu erwartende Reaktion der Murdoch-Presse abgefragt zu haben. Die Abhängigkeit der Medien von Werbeaufträgen ist ein weiterer Kontrollmechanismus zur Sicherung unternehmerfreundlicher Berichterstattung. Alle Medien, die gelegentlich unternehmerkritische Positionen vertreten, haben ungewöhnliche Eigentumsstrukturen: Le Monde (Produktionsgenossenschaft), Die Zeit (Stiftung), taz (Konsumgenossenschaft), Neues Deutschland (Parteieigentum), ARD/ZDF (Öffentlich-rechtlich mit Parteienproporz).

Gelegentlich kommt es zu Protesten gegen unpopuläre Sparmaßnahmen oder Vernichtung von Arbeitsplätzen. Daher geht die neoliberale Wirtschaftspolitik oft einher mit einer Einschränkung der Bürgerrechte (Demonstrationsfreiheit, Gewerkschaftsrechte, etc.) und Aufrüstung der Polizei (z.B. Großbritannien 1980er Jahre). In einzelnen Fällen wurde die Demokratie gleich ganz abgeschafft (Chile 1973).

Fast alle Berufstätigen verbringen einen großen Teil ihres Lebens in völlig undemokratischen Institutionen: privaten Unternehmen oder dem öffentlichen Dienst. Keine Entscheidung der Firmenpolitik, keine Personalentscheidung wird durch Abstimmungen der Mitarbeiter demokratisch legitimiert. Die geringen gesetzlichen Mitbestimmungsmöglichkeiten im Personalbereich über Betriebsräte werden immer weniger genutzt, immer weniger Menschen arbeiten in Betrieben mit Betriebsräten.

Während der Staat und die Zivilgesellschaft als steuernde Instanz auf nationaler Ebene noch präsent ist – mit den oben genannten Grenzen - , stehen den internationalen Finanz- und Warenmärkten sowie den multinationalen Konzernen auf internationaler Ebene überhaupt keine ernst zu nehmenden steuernden Instanzen mehr gegenüber: die bestehenden Institutionen haben geringe Kompetenzen (UN, ILO), oder sind ideologisch der Durchsetzung neoliberaler Strukturreformen verpflichtet (EU, IWF, Weltbank, WTO, OECD).

4 Schlussfolgerungen aus dem historischen Rückblick

Die erste Phase des Wirtschaftsliberalismus war gekennzeichnet durch extreme Gegensätze zwischen Arm und Reich sowie häufigen Wirtschaftskrisen und endete in der Weltwirtschaftskrise 1929, die den Glauben an den freien Markt erschütterte.

Nach der Weltwirtschaftskrise fand in den meisten Industrieländern ein Wechsel zur keynesianischen Wirtschaftspolitik statt. (Ausnahme: Deutschland, Japan, Italien und einige osteuropäische Länder praktizierten einen nationalistischen Staatsinterventionismus, der 1945 in den Ruinen des Zweiten Weltkriegs endete) Die keynesianische Wirtschaftspolitik führte nach dem Krieg zu einer 30-jährigen Wachstumsphase mit im Vergleich zur wirtschaftsliberalen Epoche geringer sozialer Ungleichheit, geringer Arbeitslosigkeit und hoher wirtschaftlichen Stabilität.

Die keynesianische Epoche wurde durch die ‚neoliberale Wende' Anfang der 1980er Jahre beendet. Seitdem nimmt das Wachstum ab und die Ungleichheit und Krisenanfälligkeit zu - ähnlich der ersten Phase des Wirtschaftsliberalismus. Während in der keynesianischen Epoche das hohe Wirtschaftswachstum allen Einkommensgruppen zu Gute kam und allen Hoffnung auf eine bessere Zukunft verschaffte, kommt nun das geringe Wachstum nur der wohlhabenden Oberschicht zugute. Die Stagnation und die wachsende Unsicherheit bezüglich der eigenen wirtschaftlichen Zukunft lösen Zweifel aus, ob die Wirtschaftspolitik auf dem richtigen Weg ist. Dieselben politischen Strömungen, die sich nach der Weltwirtschaftskrise durchsetzten (nationalistisch, keynesianisch), betreten nun wieder die politische Bühne: rechtspopulistische Parteien und Donald Trump greifen die aggressive nationalistische Wirtschaftspolitik der Vorkriegszeit wieder auf und versuchen, die eigene Nation auf Kosten aller anderen Nationen zu bereichern, während neue linke Parteien in Südeuropa bzw. Strömungen in bestehenden Parteien (J. Corbyn in GB, B. Sanders USA) die Rückkehr zu einer nachfrageorientierten, keynesianischen Wirtschaftspolitik fordern.

Die Industrieländer stehen daher vor folgender Richtungsentscheidung:

-   Fortsetzung der wirtschaftsliberalen, angebotsorientierten Wirtschaftspolitik
-   nationalistischer Staatsinterventionismus mit Protektionismus, Vertreibung von Migranten und aggressiver Außenwirtschaftspolitik
-   Rückkehr zu einer keynesianischen, nachfrageorientierten Wirtschaftspolitik

In den folgenden Kapiteln soll als Gedankenexperiment für jede dieser drei Alternativen die mögliche oder wahrscheinliche zukünftige Entwicklung skizziert werden: Konzept, Maßnahmenkatalog, sowie Prognose der Auswirkungen auf Wachstum, Verteilung, Stabilität, Lebensqualität. Die Prognosen beschränken sich weitgehend auf den Bereich der Ökonomie, d.h. andere Bereiche von Politik und Gesellschaft werden ausgeblendet. Es wird eine Umsetzung der jeweiligen Strategie in ‚Reinkultur' in allen Industrieländern angenommen, auch wenn die Realität vermutlich mehr von Mischformen geprägt sein wird.

5 Zukunft 1: Fortsetzung der neoliberalen Wirtschaftspolitik

5.1 Konzept

Es gibt keine neue konzeptionelle Entwicklung im Bereich der neoklassischen Wirtschaftstheorie (s. Kap. 3.1) und der daraus abgeleiteten (neoliberalen) wirtschaftspolitischen Empfehlungen. Veröffentlichungen der wirtschaftswissenschaftlichen Lehr- und Forschungsinstitute sind von einer großen Gleichförmigkeit geprägt.

Wirtschaftliche Probleme (zu hohe Arbeitslosigkeit, zu geringes Wachstum, zunehmende Ungleichheit, gelegentliche Banken- und Schuldenkrisen), die es nach über 30 Jahren neoliberaler Wirtschaftspolitik immer noch gibt, werden dadurch erklärt, dass die neoliberalen Strukturreformen noch nicht radikal genug waren.

5.2 Umsetzung

Die Regierungen der Industrieländer setzen ihre angebotsorientierte, neoliberale Wirtschaftspolitik (s. Kap. 3.2) fort. Während diese Politik der Programmatik der konservativen, wirtschaftsliberalen Parteien entspricht, treten sozialliberale, sozialdemokratische und linke Parteien oft mit einer konträren, sozial-ökologischen („populistischen") Programmatik zu Wahlen an. Es besteht die Möglichkeit (bzw. „Gefahr"), dass sie vereinzelt antiliberale Reformen durchsetzen (Beispiele: Allgemeine Krankenversicherung USA 2013, Mindestlohn Deutschland 2014), zumal die neoliberalen Reformen (Sozialabbau, Deregulierung der Arbeitsmärkte, Sparpolitik, Lohnsenkung) oft in großen Teilen der Bevölkerung unpopulär sind. Aus diesem Grunde versuchen neoliberale Parteien, Politiker, Institutionen (EU, IWF, WTO, OECD[33]) und Wirtschaftsverbände die neoliberalen Strukturreformen so zu institutionalisieren, dass sie auch bei Wahlsiegen sozialer Parteien umgesetzt werden müssen - auch gegen den

Willen der Mehrheit der Bevölkerung - und auch nicht mehr zurückgenommen werden können:

- Kredite von IWF, EU, EZB werden nur gegen Auflagen vergeben, die das gesamte neoliberale Instrumentarium umfassen (z.B. Strukturanpassungsprogramme des IWF, Auflagen des Rettungsfonds nach der Schuldenkrise in Südeuropa), d.h. die wirtschaftliche Notlage des Schuldnerlandes wird ausgenutzt, um der Bevölkerung unpopuläre Reformen aufzuzwingen
- der ,Europäische Fiskalpakt' von 2012 sieht vor, dass alle EU-Länder nationale Schuldenbremsen einführen müssen, ihre Budgets von der EU genehmigen lassen müssen, und zur Zahlung von Zwangsgeldern verurteilt werden können, wenn sie die Bestimmungen nicht einhalten.
- der geplante ,Europäische Pakt für Wettbewerbsfähigkeit' soll das neoliberale Instrumentarium (insbesondere Deregulierung der Arbeitsmärkte, Senkung der Unternehmenssteuern, Erhöhung des Renteneintrittsalter) für ganz Europa verbindlich machen und Sanktionen bei Nichteinhaltung vorsehen
- weltweit über 3000 Investitionsschutzabkommen ermöglichen multinationalen Konzernen vor internationalen Schiedsgerichten Staaten auf Schadensersatz zu verklagen, wenn die Konzerne sich durch die Politik des Staates beeinträchtigt fühlen.
- bestehende und geplante Freihandelsabkommen (aktuell TTIP, CETA, TISA) beseitigen nicht nur Zölle und Importbeschränkungen, sondern erklären soziale und ökologische Standards (z.B. Verbot von Gentechnik und Fracking) sowie Subventionen (z.B. die europäische Filmförderung) zu unzulässigen Handelshemmnissen, gegen die bei internationalen Schiedsgerichte geklagt werden kann. Neue Gesetze und Maßnahmen wären dann immer im Voraus auf die Kompatibilität mit den Freihandelsabkommen zu prüfen.

5.3   Wirtschaftliche Entwicklung

Wenn die neoliberale Wirtschaftspolitik fortgesetzt wird, d.h.
die Steuerung der Wirtschaft ausschließlich den Marktkräften
überlassen wird, ist folgendes Szenarium wahrscheinlich:

5.3.1   Nullwachstum

Das langfristige durchschnittliche Wachstum der Industrieländer nimmt weiter ab und nähert sich dem Nullwachstum. Begründung:

- Die Bevölkerung schrumpft. Der Anteil der Rentner an der
  Bevölkerung steigt, d.h. der wirtschaftlich aktive Teil der
  Bevölkerung schrumpft sogar noch schneller[34] (Ausnahme
  Einwanderungsländer USA, Kanada, Australien). Wachstum über Mehreinsatz des Produktionsfaktors Arbeit findet
  nicht mehr statt. Wachstum ist nur über Steigerung der Arbeitsproduktivität möglich – aber:

- Die Steigerung der Arbeitsproduktivität ist in den Industrieländern seit Jahren rückläufig: die jährliche Erhöhung der
  Arbeitsproduktivität ist von über 5% in den 50er Jahren kontinuierlich auf unter 1% nach 2010 gesunken[35]. Grund: die
  Produktivitätsgewinne durch Verdrängung des Handwerks
  durch die Industrie, Automatisierung der Fertigung, Konzentration der Produktion (economies of scale), Erschließung von Rationalisierungspotentialen durch Unternehmensfusionen (bis nur noch einige Global Player pro Branche übrig sind), Verschärfung des internationalen Wettbe-
  werbs durch Deregulierung und Handelsliberalisierung,
  Verlagerung der arbeitsintensiven Branchen in Niedriglohnländer laufen aus[36]. Neue arbeitssparende Technologien
  analog zu Verbrennungsmotor, Elektrizität, Computer sind
  nicht in Sicht.[37] Die Möglichkeiten der Produktivitätssteigerung im Dienstleistungssektor, der einen immer höheren
  Anteil am BSP stellt, sind weitaus weniger (Handel, Ver-
  waltung, Logistik) bis gar nicht vorhanden (Gesundheitswesen, Sozialarbeit, Bildung, Bauhandwerk)[38].

- Durch die neoliberale Deregulierungs- und Lohnsenkungspolitik (Ziel: Verbesserung der Position im internationalen
  Standortwettbewerb) wird die steigende Arbeitsproduktivität nicht für Reallohnsteigerungen genutzt. Eine gegebene
  Produktionsmenge wird durch immer weniger Arbeitskräfte
  hergestellt. Bei konstanten Reallöhnen sinkt die Summe der
  Lohneinkommen und damit die Konsumnachfrage.[39] In einigen Ländern, die im internationalen Standortwettbewerb
  vorne liegen, kann dieser Rückgang durch Erhöhung des Ex-
  ports ausgeglichen werden.

- Durch die neoliberale Steuersenkungs-, Sozialabbau- und
  Lohnsenkungspolitik steigen die hohen Einkommen mit hoher Sparquote und stagnieren/sinken die niedrigen Einkommen mit geringer Sparquote. Zusätzlich erhöht die Alterung
  der Gesellschaft und die Unsicherheit des Rentensystems
  die Sparneigung für die individuelle Altersversorgung. Die
  steigende Sparquote verringert die private Konsumnachfrage.

- Die neoliberale Wirtschaftspolitik führt somit zu einem hohen Kapitalangebot auf den Finanzmärkten: Lohnzurückhaltung, Senkung von Unternehmenssteuern und Sozialabgaben erhöhen die Unternehmensgewinne; die wachsenden
  Einkommensgegensätze erhöhen die Sparquote; der deregu-
  lierte Finanzsektor ermöglicht leichtfertige Kreditvergabe.
  Dem hohen Kapitalangebot stehen angesichts der stagnierenden Konsumnachfrage nur begrenzte Investitionsmöglichkeiten gegenüber. Das hohe Kapitalangebot kann allerdings trotzdem Nachfrage und Wachstum erzeugen - durch
  Erzeugung von Preisblasen auf den Finanz- und Immobilienmärkten, durch Erzeugung von Investitionsblasen auf
  den jeweils aktuellen ‚Wachstumsmärkten' (IT, Immobilien, Schiffbau, Solarzellen, Fracking), sowie durch Erhöhung der staatlichen und privaten Verschuldung (durch
  niedrige Zinsen, leichtfertige Kreditvergabe, ‚Anlagenotstand') –, aber dies alles nur vorübergehend:

- Spekulationsblasen und Investitionsblasen platzen irgendwann, was das durch sie erzeugte Wachstum beendet
- Staatliche und private Verschuldung kann zu Schulden- und Bankenkrisen führen, die das erzeugte Wachstum beenden
- Angesichts der hohen Staatsverschuldung der Industrieländer (durchschnittlich knapp 100% im Verhältnis zum BSP, während 60% als Obergrenze definiert ist) ist Wachstum über Erhöhung der Staatsverschuldung langfristig nicht mehr möglich. Im Gegenteil: zur Reduzierung der Schuldenquote auf 60% müssen auf Jahre hinaus Haushaltsüberschüsse erwirtschaftet werden. Da in der neoliberalen Fiskalpolitik Erhöhung der Unternehmens- Einkommens- und Vermögenssteuern der Reichen tabu sind, bleiben nur Kürzungen der Staatsausgaben und Erhöhung von Verbrauchssteuern. Dies wird auf Jahre hinaus die Nachfrage und das Wachstum bremsen.
- Angesichts der hohen privaten Verschuldung (private Haushalte, Bauindustrie, insbesondere US, UK, Irland, Spanien, Niederlande, Australien mit Schuldenquote der Haushalte von 80-126% des BSP) und der entsprechenden Aufblähung der Bankbilanzen[40] ist eine dauerhafte Steigerung der privaten Nachfrage auf Kredit nicht mehr möglich. Im Gegenteil: angesichts der hohen Schuldenstände fahren die privaten Haushalte die Verschuldung zurück (Tilgung > Neuverschuldung), die Banken verkürzen ihre Bilanzen, auch aufgrund schärferer Bankenregulierung. Dies wird auf Jahre hinaus die Nachfrage und das Wachstum bremsen („Bilanzrezession"[41], vgl. Japan).

- Konjunkturpolitik: auf Rezessionen reagiert die neoliberale Wirtschaftspolitik mit Verschärfung der neoliberalen Strukturreformen (Sparpolitik, Senkung von Unternehmenssteuern, Sozialabbau, Deregulierung des Arbeitsmarkts, Lohnsenkung), um so die Wirtschaft wieder zu ‚dynamisieren', d.h. der krisenbedingte Nachfragerückgang wird prozyklisch durch die Sparpolitik noch verschärft. Ähnlich wirkt die Schuldenbremse bzw. der EU-Fiskalpakt (Verbot der Schuldenaufnahme zwingt bei rückläufigen Steuereinnahmen zu Ausgabenkürzungen). Wenn dieses Krisenmanagement in mehreren konkurrierenden Ländern gleichzeitig praktiziert wird, führt der resultierende internationale Steuer-, Lohn- und Preissenkungswettbewerb nicht zu einem Aufschwung durch Exportsteigerung (da sich die Wettbewerbssituation nicht verbessert und die Exportmärkte ebenfalls schrumpfen), sondern nur zu Wachstumseinbußen, Deflation und sinkendem Lebensstandard in den betroffenen Ländern.

- Parallel dazu wird aufgrund der weiteren Handelsliberalisierung die Produktionsauslagerung von Hochlohn- in Niedriglohnländern fortgesetzt. Sobald in einer Branche einzelne Firmen erfolgreich ausgelagert haben, stehen die Konkurrenten unter Druck nachzuziehen, um nicht ganz vom Markt verdrängt zu werden. Grundsätzlich kann so die gesamte Industrie (außer vielleicht die kundennahe Bau- und Lebensmittelindustrie, sowie wenig preissensible Branchen wie Luxuskonsumgüter und Spezialmaschinen[42]) ausgelagert werden, ebenso wie die Dienstleistungen, die räumlich nicht vor Ort erbracht werden müssen (Back Office, Softwareentwicklung, Call-Center, Forschung + Entwicklung). Der Wachstumsverlust durch Produktionsauslagerung kann durch zusätzliche Exporte in die Niedriglohnländer verringert werden. Bei sinkenden Preisen für importierte Konsumgüter bleibt ein größerer Teil des privaten Einkommens übrig für die Nachfrage nach inländischen Produkten und Dienstleistungen. Sinkende Preise für importierte Vorprodukte können Exportprodukte konkurrenzfähiger machen. Der Nettoeffekt hinsichtlich des Wachstums dürfte in den meisten Hochlohnländern trotzdem negativ sein (Ausnahme vielleicht Deutschland, das die Reichen der Welt mit Luxusgütern versorgt).

5.3.2   Zunahme der sozialen Ungleichheit

Die Vermögen der Reichen wachsen weiter, die Mittelschicht stagniert, während die hohe Arbeitslosigkeit, die Deregulierung der Arbeitsmärkte und der Abbau des Sozialstaats in den Industrieländern einen Niedriglohnsektor auf dem Niveau der Dritten Welt erzeugen. In der Dritten Welt wachsen die Wohlstandsinseln um die modernen, weltmarktintegrierten Sektoren weiter, der Rest der Bevölkerung dort verbleibt in Armut. D.h. die Wirtschaftsstrukturen der Ersten und der Dritten Welt gleichen sich immer mehr an[43]: Wohlstand und Armut bestehen nebeneinander, die Erste und Dritte Welt sind nicht mehr geografisch abzugrenzen, sondern existieren innerhalb aller Länder der Welt. Die Armutsmigration aus den armen in die reicheren Länder verstärkt diese Struktur. Das abnehmende Wachstum der Wirtschaft beschränkt sich auf die Wohlstandsinseln und verstärkt die Gegensätze zwischen Arm und Reich.

5.3.3   Zunahme der Instabilität

Das abnehmende Wachstum der Wohlstandsinseln verläuft jedoch nicht konstant: der wachsende Reichtum der Reichen (u. U. verstärkt durch expansive Geldpolitik) erzeugt ein Überangebot an anlagesuchendem Kapital, dies wiederum auf Spekulations- und Kreditblasen beruhende kurzzeitige Boom-Phasen, gefolgt von Banken-, Schulden-, oder Währungskrisen, die wieder mit verstärkter Austeritätspolitik und expansiver Geldpolitik überwunden werden sollen. Expansive Geldpolitik als Notlösung legt den Grundstein für die nächste Schuldenkrise. Die kurzfristige Konjunkturpolitik beschäftigt die Tagespolitik und verstellt den Blick für die langfristigen Entwicklungstendenzen.

Aufgrund der unzureichenden Finanzmarktregulierung können die Krisen der jüngeren Vergangenheit – Finanzkrise 2008, Schuldenkrise 2010 – jederzeit wieder ausbrechen. Staatliche Rettungsprogramme in der bisherigen Größenordnung sind allerdings kaum ein weiteres Mal zu finanzieren.

Die wirtschaftliche Instabilität kann zu politischer Instabilität führen (Regierungskrisen, Unruhen, wachsender Nationalismus und Rassismus, internationale Spannungen), diese wiederum zu Verstärkung der wirtschaftlichen Instabilität (Spirale abwärts).

5.3.4   Blockierung der Umweltpolitik

Aufgrund der unzureichenden Umweltpolitik findet in den Industrieländern die notwendige Verringerung der CO_2-Emissionen nicht statt, ebenso wenig die Verringerung des Rohstoffverbrauchs und der sonstigen Umweltbelastungen. Der Klimawandel mit allen vorhergesagten Folgen ist nicht mehr aufzuhalten. Die kostengünstig abzubauenden Lagerstätten an mineralischen Rohstoffen sowie die vorhandenen Ressourcen an Süßwasser und landwirtschaftlich nutzbarem Boden werden weiterhin ungebremst für einen verschwenderischen Konsum ausgebeutet, bis die Verknappung irgendwann zu abrupten Preissteigerungen und Wohlstandsverlusten führt.

5.3.5   Verringerung der Lebensqualität

Trotz konstanter oder gering wachsender Produktionsmenge sinkt die Lebensqualität für einen großen Teil der Bevölkerung: Verlust von sozialer Sicherheit, Verschlechterung der Arbeitsbedingungen, Verschlechterung der öffentlichen Dienstleistungen, zunehmende Umweltbelastung.

6 Zukunft 2: Nationalistischer Staatsinterventionismus

Hier soll versucht werden, die wesentlichen wirtschaftspolitischen Positionen der rechtspopulistischen und rechtsradikalen Parteien, die in Europa zum Teil hohe Wahlerfolge erzielen, zusammenzutragen, sowie einzuschätzen, welche Zukunft uns bevorsteht, wenn sie in allen Industrieländern zum Einsatz kommen sollten.

6.1 Konzept

Konzepte und Theorien als Grundlage nationalistischer Wirtschaftspolitik auf wissenschaftlichem Niveau gibt es nicht[44]. Aus Veröffentlichungen von rechtspopulistischen Parteien und der ihnen nahestehenden (Boulevard-)Presse lassen sich einige Kernthesen herausfiltern:

Die Ursachen von Armut, Arbeitslosigkeit, sozialer Ungleichheit, wirtschaftlicher Stagnation sind <u>nicht</u> die unzureichende Umsetzung der neoliberalen, angebotsorientierten Wirtschaftspolitik (Konsequenz: Verschärfung der neoliberalen Strukturreformen), <u>nicht</u> die konzeptionellen Fehler der neoliberalen, angebotsorientierten Wirtschaftspolitik (Konsequenz: Rückkehr zu keynesianischen, nachfrageorientierte Wirtschaftspolitik), <u>nicht</u> der unvermeidliche Strukturwandel aufgrund des technischen Fortschritts (Konsequenz: geduldige Hinnahme der unvermeidlichen Entwicklung) , <u>nicht</u> die unvermeidliche Folge des kapitalistischen Wirtschaftsprozesses (Konsequenz: Überwindung des Kapitalismus), sondern

- die Immigration: Ausländer nehmen der einheimischen Bevölkerung die Arbeit weg
- der Freihandel: Waren und Kapital aus dem Ausland verdrängen einheimische Waren, einheimisches Kapital und einheimische Arbeitsplätze

- der Mangel an nationalem Egoismus in der Außenwirtschaftspolitik: die Politik macht zu viele Kompromisse mit
  anderen Nationen und internationalen Institutionen (EU,
  UNO), leistet zu viel finanzielle Unterstützung (andere Nationen leben auf Kosten der eigenen Nation)

Die Ursachen der wirtschaftlichen Probleme liegen also im Ausland, in dem schlechten Charakter oder der Minderwertigkeit der
anderen Nationalitäten und Religionen, bzw. darin, dass die
herrschenden Eliten die nationalen Interessen nicht aggressiv
genug gegen andere Nationen vertreten.

Als Konsequenz wird gefordert

- Schließung der Grenzen für die Immigration, Vertreibung
  von Migranten und ethnischen/religiösen Minderheiten,
  Herstellung eines ethnisch homogenen Nationalstaats
- Protektionismus, Schließung der Grenzen für Waren und
  Kapital aus dem Ausland, staatliche Förderung nationaler
  Privatunternehmen
- Austritt aus internationalen Institutionen (EU, UN-Organi-
  sationen), Beendigung der internationalen Solidarität, Kün-
  digung internationaler Abkommen

Diese wirtschaftspolitischen Kernforderungen stehen im Widerspruch zu dem neoliberalen Freihandelsdogma und lassen sich
als ‚nationalistischer Staatsinterventionismus' bezeichnen.
Während der ‚keynesianische' Staatsinterventionismus zum Ziel
hat, Rezessionen zu überwinden, soziale Gerechtigkeit und Sicherheit zu schaffen, Arbeitnehmer-, Mieter-, Verbraucherinteressen und die Umwelt zu schützen vor der Macht des Privatkapitals, hat der nationalistische Staatsinterventionismus das Ziel,
einen ethnisch homogenen Nationalstaat zu schaffen, die nationale Ökonomie vom Ausland abzuschotten, das nationale Kapital zu fördern, die nationalen Interessen gegenüber dem Ausland
aggressiver zu vertreten.

Liberale und keynesianische Wirtschaftsstrategien haben die Überzeugung gemeinsam, dass es im Interesse der eigenen Nation ist, dass auch andere Nationen prosperieren, was zur Befürwortung von Kooperation und Solidarität führt. Nationalistische Wirtschaftspolitik dagegen will die eigene Nation *auf Kosten* anderer Nationen bereichern. Die negativen Auswirkungen von Vertreibung von Migranten, Handelsprotektionismus, Aufkündigung internationaler Abkommen und Solidarität auf den Lebensstandard anderer Nationen sind bestenfalls egal, wenn nicht sogar gewollt.

6.2   Umsetzung

Die oben genannten wirtschaftspolitischen Kernforderungen des nationalistischen Staatsinterventionismus (Vertreibung von Migranten, Protektionismus, Austritt aus internationalen Institutionen, etc.) werden meist mit klassisch neoliberalen Positionen kombiniert: Deregulierung, Sozialabbau, Steuersenkungen, Abbau Umweltschutz – (z.B. UKIP, AfD, FPÖ, US Republikaner unter D. Trump, Fidesz), teilweise auch mit eher sozialdemokratisch klingender Rhetorik: Erhalt des Sozialstaats, Ausbau der staatlichen Infrastruktur (z.B. Front National, PiS, PVV, ‚Wahre Finnen', Dänische Volkspartei). Die Programme der Parteien haben daher einen diffusen Zwitter-Charakter. Sie haben keine gedankliche Kohärenz, sondern stellen ein wenig durchdachtes Sammelsurium verschiedener Forderungen dar.

6.3   Wirtschaftliche Entwicklung

Welche wirtschaftliche Entwicklung ist bei Umsetzung des nationalistischen Staatsinterventionismus zu erwarten? Versucht man die Zukunft bei neoliberaler oder keynesianischer Wirtschaftspolitik vorauszusagen, lassen sich die historischen Epochen auswerten, in denen diese Politikansätze zum Einsatz kamen. Dies ist im Fall der nationalistischen Wirtschaftspolitik kaum möglich, da sie lediglich kurz vor dem Zweiten Weltkrieg eingesetzt wurde. So hatte z. B. die NSDAP nach 1933 versucht,

einen ethnisch homogenen Nationalstaat zu schaffen (Grenz-
schließung, Vertreibung, Massenmord), wirtschaftliche Autarkie zu erreichen (Benzinherstellung aus Kohle), sich aus internationaler Kooperation zurückzuziehen (Austritt aus dem Völ-
kerbund 1933, Aufkündigung des Versailler Vertrages 1937).
Die schuldenfinanzierte immense Aufrüstung zur Vorbereitung
eines Angriffskriegs, mit Aufbau der dazugehörigen Rüstungs-
betriebe (z.B. Hermann-Göring-Werke, Volkswagen) und Infrastruktur (Autobahnen, Flughäfen) führte zu einem Wirtschaftsaufschwung. Die Schulden sollten durch Plünderung der erober-
ten Gebiete, Ausbeutung von Zwangsarbeitern oder gar nicht be-
glichen werden.

Die Prognosen hängen auch davon ab, wie radikal die nationalistische Wirtschaftspolitik umgesetzt wird (Nullzuwanderung,
Vertreibungen, Zollerhöhungen, Importverbote, Kündigung aller internationaler Verträge), davon, ob sie mit einer klassisch
neoliberalen oder mehr nachfrageorientierten Politik verbunden
wird, sowie davon, wie andere Nationen darauf reagieren, dass
ihre Staatsbürger, Firmen und Waren von einem Land ausge-
schlossen werden: kommt es zu Sanktionen, zu Handelskriegen,
verbaler und emotionaler Eskalation (Beispiel EU/Russland als
Folge des Ukraine-Konflikts)? Wie reagieren Kapital- und De-
visenmärkte?

6.3.1   Null- oder Negativwachstum

Unter der Annahme, dass der nationalistische Staatsinterventionismus mit einer traditionellen neoliberalen Agenda verbunden
wird, lässt sich die in Kapitel 5.3.1 vorgenommene Prognose des
Nullwachstums auch für die nationalistische Wirtschaftspolitik
übernehmen – mit folgenden Modifikationen:

- Die Bevölkerung schrumpft. Der Anteil der Rentner an der
  Bevölkerung steigt, d.h. der wirtschaftlich aktive Teil der
  Bevölkerung schrumpft sogar noch schneller. Durch Zuwanderungsstopp und Vertreibung von Immigranten
  schrumpft sie noch weiter. Wachstum über Mehreinsatz des

Produktionsfaktors Arbeit findet nicht mehr statt. Wachstum ist nur über Steigerung der Arbeitsproduktivität möglich – aber:

- Die Steigerung der Arbeitsproduktivität ist in den Industrieländern seit Jahren rückläufig (s. Kap. 5.3.1). Zusätzlich: durch Rückverlagerung von arbeitsintensiven Branchen mit niedriger Produktivität und Verlust von Auslandsmärkten für Branchen mit hoher Produktivität sinkt die durchschnittliche Produktivität. Durch die Abschottung des Binnenmarktes fällt der Konkurrenzdruck und der Anreiz zu weiterer Produktivitätssteigerung weg.

- Durch Zuwanderungsstopp und Vertreibung von Immigranten verringern sich Konsumnachfrage, Steuerzahlungen, Beiträge zu Sozialversicherungen, Investitionen (Geschäftsgründungen von Immigranten). In einigen Branchen kann es Wachstumsverluste durch Personalengpässe geben (Landwirtschaft, Gastronomie, Pflege- Reinigungsdienste).

- Durch Importzölle sollen Arbeitsplätze aus den Niedriglohnländern in die reichen Industrieländer zurückgeholt werden. Wenn dies tatsächlich geschieht, entsteht in den Industrieländern zusätzlich Beschäftigung und Wachstum – allerdings mit folgenden gegenläufigen Effekten: Exporte gehen zurück durch Protektionismus anderer Länder sowie durch Handelssanktionen als Reaktion auf verhängte Importbeschränkungen. Höhere Preise von importierten oder im Inland hergestellten Konsumgütern verringern die Realeinkommen und die Konsumnachfrage. Höhere Preise von importierten Vorprodukten erhöhen auch die Preise und Wettbewerbsfähigkeit der Exportgüter, da nur ein Teil der Wertschöpfung im Inland stattfindet. Exporte in die betroffenen Niedriglohnländer, deren Wirtschaft schrumpft, gehen zurück. - Wenn allerdings die Arbeitsplätze nicht zurückkommen (weil Investoren in längeren Zeiträumen planen als die Legislaturperiode einer rechtspopulistischen Regierung dauert, oder weil Investitionen im Ausland nicht kurzfristig aufgegeben werden), entstehen nur die gegenläufigen Effekte, d.h. insgesamt ein Wachstumsverlust.

- Falls die Staatsausgaben auf Basis von Verschuldung erhöht werden, kann vorübergehend Wachstum erzeugt werden, das irgendwann durch Schuldenkrisen beendet werden wird. Es ist zu vermuten, dass nationalistische Regierungen versuchen, die negativen Auswirkungen von Protektionismus, Handelskriegen und Vertreibung von Immigranten durch Deficit Spending zu kaschieren (Vorbild NSDAP 30er Jahre). Krisen werden dann als Machenschaften des Auslands dargestellt (s. Rhetorik von Putin, Erdogan, Trump).

Exkurs: Auswirkung auf Transformationsländer und Dritte Welt

Exporte von Industriegütern in die Industrieländer gehen durch deren Importbeschränkungen zurück. Die exportorientierte Industrialisierung, auf die die Länder auf Empfehlung des neoliberalen Lagers (IWF, etc.) gesetzt haben, wird nun zur Falle. Millionen von Arbeitsplätze sind bedroht. Investitionen aus den Industrieländern fallen weg, da Produktionsauslagerungen keinen Sinn mehr machen. Die Nachfrage nach Rohstoffen geht bei Negativwachstum der Industrieländer ebenfalls zurück.

Die Überweisungen der Migranten, die für viele Herkunftsländer eine Hauptdevisenquelle und Bestandteil der privaten Nachfrage und Investitionen darstellen, fallen weg. Die zurückkehrenden Migranten erhöhen die Arbeitslosigkeit.

Finanztransfers aus den reichen Ländern und internationalen Institutionen gehen zurück durch Beendigung der internationalen Solidarität.
Kurz, die osteuropäischen Transformationsländer und Dritte Welt werden Verlierer dieser Politik sein. Die Arbeitslosigkeit in diesen Ländern wird dramatisch ansteigen. Die Konsequenzen davon lassen sich nur vermuten: mehr illegale Migration? Kriminalität? Politische Instabilität mit Unruhen, Kriegen, Wirtschaftskrisen, Flüchtlingsströmen, militärischen Interventionen?

Fazit: der nationalistische Staatsinterventionismus führt langfristig im günstigsten Fall zu Nullwachstum der Industrieländer, im ungünstigen Fall zu Krisen und sinkendem Wohlstand. Die nationalistische Wirtschaftspolitik der Industrieländer entpuppt sich als Versuch der reichen Länder, sich auf Kosten der armen zu bereichern. Die Auswirkung auf die arme Welt und die Rückwirkung auf die Industrieländer (Bumerang-Effekt) wird von den Vertretern einer nationalistischen Wirtschaftspolitik infolge ihres egoistischen, unsolidarischen, rücksichtslosen, ausländerfeindlichen Weltbildes nicht mitreflektiert.

6.3.2 Zunahme der sozialen Ungleichheit

Die Umsetzung der Programmatik der rechtspopulistischen Parteien führt zu wachsenden Gegensätzen zwischen Arm und Reich:

- Senkung von Einkommens- und Vermögenssteuern kommen hauptsächlich den Reichen und Superreichen zugute.

- der Sozialabbau geht weiter, wird nur anders begründet: Sozialleistungen gelten als Subventionierung ausländischer Schmarotzer und werden vom hart arbeitenden nationalen Werktätigen nicht benötigt (statt: Sozialabbau zur Verbesserung der internationalen Wettbewerbsfähigkeit)

- aufgrund der gewerkschaftsfeindlichen Grundhaltung der rechtspopulistischen Parteien werden die Möglichkeiten, Lohnerhöhungen und bessere Arbeitsbedingungen durchzusetzen, weiter verschlechtert

- Importzölle betreffen gerade das Sortiment der Discounter (‚Walmart-Sortiment'), das vorwiegend aus Niedriglohnländern importiert und von ärmeren Haushalten konsumiert wird. Deren Realeinkommen sinkt durch die steigenden Preise. Luxuskonsumgüter werden jetzt bereits in den Hochlohnländern hergestellt.

6.3.3   Zunahme der Instabilität

Finanz-, Schulden- und Währungskrisen sind nur auf internationaler Ebene zu bekämpfen. In einer Welt mit egoistischen, kompromissunfähigen Nationalstaaten sind diese Probleme unlösbar (vgl. z.B. Handelskriege und Abwertungswettläufe nach der Weltwirtschaftskrise 1929).

Nationaler Egoismus löst entsprechende nationale Gefühle in anderen Ländern aus, die sich gegenseitig verstärken bzw. hochschaukeln und zu Hass, Konflikten und Kriegen führen können (vgl. z.B. Jugoslawien, Ukraine). Die internationalen Institutionen, die nach dem zweiten Weltkrieg entstanden (EU, UN, etc.), haben es geschafft, die Entstehung dieser Dynamik zu verhindern. Andere Nationen wurden dadurch als Kooperationspartner, vielleicht sogar als Freunde wahrgenommen. Dies ist der Grund für die längste Friedensperiode in der europäischen Geschichte. Dieser Erfolg wird nun von den rechtspopulistischen Parteien und Bewegungen zerstört. Ohne die EU kommt es zur Rückkehr zu einem instabilen, hasserfüllten „Europa der Vaterländer", das zwei Weltkriege hervorgebracht hat.

6.3.4   Scheitern der Umweltpolitik

Klimawandel, Umweltverschmutzung, Ressourcenverschwendung sind nur auf internationaler Ebene zu bekämpfen. In einer Welt mit egoistischen, kompromissunfähigen Nationalstaaten sind diese Probleme unlösbar. Zudem leugnen viele rechtspopulistische Parteien den Klimawandel und andere Umweltprobleme. Der Klimawandel mit allen vorhergesagten Folgen ist nicht mehr aufzuhalten. Die kostengünstig abzubauenden Lagerstätten an mineralischen Rohstoffen sowie die vorhandenen Ressourcen an Süßwasser und landwirtschaftlich nutzbarem Boden werden weiterhin ungebremst für einen verschwenderischen Konsum ausgebeutet, bis die Verknappung irgendwann zu abrupten Preissteigerungen und Wohlstandsverlusten führt.

6.3.5   Verringerung der Lebensqualität

Durch die Deregulierung sinkt, ähnlich wie bei dem neoliberalen Szenario, die Lebensqualität für die Mehrheit der Bevölkerung: Verlust von sozialer Sicherheit, Verschlechterung der Arbeitsbedingungen, zunehmende Belastung von Umwelt und Gesundheit.

Intoleranz, Hass und Gewalt zwischen verschiedenen Bevölkerungsgruppen innerhalb eines Landes verringert die Lebensqualität für alle Beteiligten.

Zur Lebensqualität gehört auch die Freizügigkeit, d.h. die Freiheit, in anderen Ländern reisen, arbeiten, studieren, Geschäfte oder Familien gründen zu können. (Die fehlende Reisefreiheit war z.B. ein Hauptmotiv für den Sturz der sozialistischen Regime in Osteuropa.) Die Freizügigkeit wird durch den Nationalismus bedroht: teilweise durch Einreisebeschränkungen, teilweise dadurch, dass man im Ausland nicht mehr als Gast aus einem befreundeten Land, sondern als Bedrohung oder Vertreter einer verhassten oder verachteten Nationalität wahrgenommen wird. Der nationale Egoismus führt letztlich dazu, dass jede Nation von allen anderen gehasst wird. Jedes Land wird von Feinden umringt sein, gegen die es sich behaupten muss. Das Lebensgefühl in einer solchen Konstellation dürfte sich erheblich von dem in der heutigen offenen Weltgesellschaft unterscheiden.

7 Zukunft 3: sozial-ökologische Reformpolitik

7.1 Konzept

Gibt es eine Alternative zu Nullwachstum mit zunehmender Ungleichheit, Instabilität und Umweltzerstörung, das sowohl bei Fortsetzung der neoliberalen Wirtschaftspolitik wie bei dem nationalistischen, rechtspopulistischen Staatsinterventionismus zu erwarten ist? Der Rückblick auf die Wirtschaftsgeschichte zeigt, dass sich die nachfrageorientierte (,keynesianische') Wirtschaftspolitik bewährt hat bei der Überwindung der Weltwirtschaftskrise 1929 und bei dem Wiederaufbau nach dem zweiten Weltkrieg: die Wachstumsraten waren höher, die Arbeitslosigkeit niedriger, die soziale Ungleichheit geringer, die soziale Sicherheit höher, die Anzahl von Krisen geringer, die Staatsverschuldung geringer als in den vorangegangenen und nachfolgenden wirtschaftsliberalen Epochen. Also wirtschaftspolitisch zurück in die 50er Jahre? Dagegen spricht:

(1) Die Wachstumsraten der 50er und 60er wird es nie mehr geben: die Steigerung der Arbeitsproduktivität, die die Basis des Wachstums über Reallohnsteigerung ist, ist in den Industrieländern unabhängig von der praktizierten Wirtschaftspolitik seit Jahren rückläufig und geht gegen Null (s. Kap. 5.3.1)

(2) Die Handelsliberalisierung und die daraus resultierende Globalisierung der Ökonomie lassen sich nicht mehr rückgängig machen, ohne eine wirtschaftliche Katastrophe auszulösen (s. Kap. 6 Nationalistischer Staatsinterventionismus), und setzen den Rahmen für eine neokeynesianische Politik.

(3) Die klassische keynesianische Wirtschaftspolitik hat folgende Defizite:

- sie ignoriert die Auswirkungen des Wachstums auf die Umwelt und den Verbrauch endlicher Ressourcen, d.h. ist nicht unbedingt ökologisch nachhaltig

- sie birgt die Gefahr, dass nachfragesteigernde Maßnahmen (kreditfinanzierte Konjunkturprogramme, expansive Geldpolitik) den Grundstein legen für Staatsschulden- oder Inflationskrisen, d.h. ist nicht unbedingt ökonomisch nachhaltig

Konsequenz: es ist eine nachfrageorientierte, staatsinterventionistische Wirtschaftspolitik zu fordern, die die bestehende globalisierte Weltwirtschaft und die aktuellen technologischen und demografischen Entwicklungen zum Ausgangspunkt nimmt und die genannten Defizite des klassischen Keynesianismus vermeidet. Es muss definiert werden, welche Ziele die staatlichen Interventionen in den Wirtschaftsprozess haben sollen, welche Instrumente aus dem Instrumentarium der nachfrageorientierten Wirtschaftspolitik wie eingesetzt werden sollen:

- Verringerung der Arbeitslosigkeit (s. Kap. 7.2.1 „Umverteilung der Arbeit")
- Verringerung der sozialen Ungleichheit (s. Kap. 7.2.2 „Umverteilung des Einkommens" und Kap. 7.2.3 „Reform der sozialen Sicherungssysteme")
- Vermeidung von Finanz- und Wirtschaftskrisen (s. Kap. 7.2.4 „Regulierung des Finanzsektors")
- Ausbau der öffentlichen Infrastruktur und Begrenzung der Staatsverschuldung (s. Kap. 7.2.5 „Ausbau der öffentlichen Infrastruktur mit nachhaltiger Fiskalpolitik")
- Beitrag zur Entwicklung der Dritten Welt (s. Kap. 7.2.6 „Solidarische Handelspolitik")
- Verringerung des Ressourcenverbrauchs und der Umweltzerstörung (s. Kap. 7.2.7 „Ökologischer Umbau der Gesellschaft")
- Demokratisierung der Gesellschaft (s. Kap. 7.2.8)

Die politischen Maßnahmen lassen sich zu einem in sich konsistenten Paket unter dem Etikett ‚sozial-ökologischer Umbau der Industriegesellschaft' oder ‚sozial-ökologische Reformpolitik' zusammenfassen. Würde diese Politik in allen Industrieländern gleichzeitig umgesetzt, würde eine andere Entwicklungsdynamik der Ökonomie und damit eine andere Zukunft für die Bevölkerung der Industrieländer entstehen als bei Fortsetzung der neoliberalen Wirtschaftspolitik oder bei einem nationalistischen Staatsinterventionismus.

7.2   Umsetzung

Im Folgenden sollen für die genannten Ziele jeweils mögliche Maßnahmen gesammelt werden. Die einzelnen Maßnahmen sind nur stichwortartig beschrieben, diskussionswürdig und aus den politischen Debatten auch eigentlich hinreichend bekannt. Ziel ist, das ganze Instrumentarium zusammenzutragen, um es auf Konsistenz und Machbarkeit als Gesamtpaket prüfen zu können. Die Maßnahmen ergänzen sich zu einer Vision einer anderen Zukunft der Gesellschaft.

7.2.1   Umverteilung der Arbeit

Das geringe zu erwartende Wirtschaftswachstum erzeugt ein Beschäftigungsproblem: Für die derzeit (2012) 48 Millionen Arbeitslosen der OECD-Länder muss Arbeit geschaffen werden. Ebenso für die, die durch den technischen Fortschritt in Zukunft arbeitslos werden. Auch wenn durch die rückläufige Produktivitätssteigerung die Beschäftigungsschwelle sinkt (zusätzliche Beschäftigung entsteht bei immer geringeren Wachstumsraten), wird das Wachstum wahrscheinlich nicht hoch genug sein, um alle notwendigen Arbeitsplätze schaffen. **Vollbeschäftigung kann nur durch Umverteilung der immer knapper werdenden Arbeit erreicht und gesichert werden**: allgemeine Arbeitszeitverkürzung (Richtung 30-Stundenwoche), individuelle Teilzeitarbeit nach den Wünschen der Beschäftigten, Abbau/Verbot von Überstunden, Sabbaticals, mehr bezahlter und unbezahlter Urlaub, etc. Arbeitslosigkeit für viele verwandelt sich so in mehr Freizeit für alle.

Die Arbeit ist nicht nur umzuverteilen zwischen Arbeitenden und Arbeitslosen, sondern auch zwischen Frau und Mann, sowie Jung und Alt: der Arbeitsmarkt muss alle möglichen Modelle der Aufteilung der Erwerbs- und Hausarbeit ermöglichen, sowie individuelle Übergänge von Erwerbsarbeit zum Ruhestand. Sie ist auch umzuverteilen von unfreiwilligen Teilzeitkräften und Minijobbern zu Vollzeitstellen.

Angesichts von stressbedingten Leiden und Erkrankungen ist die Reduzierung der Arbeitszeit auch gesundheitspolitisch geboten.

Die (geringe) Steigerung der Arbeitsproduktivität ermöglicht es, einen (geringen) Lohnausgleich (zumindest für die unteren Einkommen) zu zahlen (weniger Arbeit für denselben Lohn = höherer Stundenlohn). D.h. die Umverteilung der Arbeit führt zu keinen oder geringen Einkommenseinbußen der Beschäftigten, deren Arbeitszeit sich reduziert, und schafft zusätzliches Einkommen durch die neu entstehenden Arbeitsplätze. Gesamtwirtschaftlich steigt die Konsumnachfrage durch die steigende Beschäftigung bei konstanten Löhnen anstatt durch Steigerung der Löhne bei konstanter Beschäftigung.

Soll zudem die Lohnquote eines Landes erhöht werden (wie z.B. in Ländern, deren Lohnquote stark zurückgegangen ist z.B. Deutschland.), besteht ein noch größerer finanzieller Spielraum für die Finanzierung der Arbeitszeitverkürzung (anstelle / neben Reallohnsteigerungen).

Bei höheren Löhnen oder stärkeren prozentualen Reduzierungen der Arbeitszeit sind Einkommenseinbußen allerdings unvermeidlich. Dies führt entweder zu einer Verringerung der Sparquote oder zu Einschränkung des materiellen Konsums für mehr Freizeit. Wenn der Wert der zusätzlichen Freizeit größer ist als der Wert der materiellen Güter, die nicht mehr erworben werden können, ist der Wohlstand trotzdem gestiegen.

Die Umverteilung der Arbeit setzt voraus:

-   Umverteilung des Einkommens von oben nach unten (Steuerpolitik, Sozialleistungen, Grundeinkommen, Mindestlöhne, Erhöhung der Lohnquote): nur so können sich die

unteren Einkommensgruppen eine Arbeitszeitverkürzung (ohne vollen Lohnausgleich) leisten.
- Erhalt des Sozialstaats und der Arbeitnehmerrechte: nur wenn die größten Lebensrisiken (Arbeitslosigkeit, Krankheit, Altersarmut) abgedeckt sind, können die Arbeitnehmer es sich leisten, auf Einkommen für mehr Freizeit zu verzichten
- Bildungsinvestitionen: Schaffung der notwendigen Qualifikationen
- Wertewandel in der Gesellschaft: höhere Wertschätzung immaterieller Güter wie Freizeit gegenüber materiellem Einkommen

Umverteilung der Arbeit verursacht Kosten (Ausbildung, Grundsicherung) und spart Kosten (Finanzierung von Millionen Arbeitslosen).

7.2.2 Umverteilung des Einkommens

Die Gegensätze zwischen niedrigen (Arbeitslose, prekär Beschäftigte, Niedriglohnempfänger, Rentner) und hohen Einkommen (vgl. steigende Managergehälter und Eigenkapitalrendite) nehmen zu. Eine Umverteilung des Einkommens kann bei der Entstehung (höhere Löhne am unteren Ende, geringere Löhne und Kapitaleinkommen am oberen Ende der Einkommensskala), sowie nachträglich durch den Staat (Besteuerung, Transfereinkommen) erreicht werden. Das bestehende Instrumentarium zur Einkommensumverteilung muss ausgebaut werden:

- Lohnpolitik

Gesetzliche Mindestlöhne und Ausbau von Gewerkschafts-, Streikrecht können die Einkommensverteilung bei der Entstehung ändern. Ausnutzen der Produktivitätssteigerungen für höhere Löhne oder Arbeitszeitverkürzung mit Lohnausgleich. Bei Ländern mit niedriger Lohnquote kann sogar eine Steigerung über den Produktivitätszuwachs hinaus sinnvoll sein (Erhöhung der Lohnquote). Außerdem Begrenzung von Managergehältern und Boni.[45]

- Steuerreform

Durch höhere Besteuerung von hohen Einkommen (z. B. Spitzensteuersatz 80% ab 20 Mio € Jahreseinkommen), Unternehmensgewinnen, Zinsen, Dividenden, Veräußerungsgewinnen, von Erbschaften und Vermögen, sowie durch Bekämpfung der Steuerflucht und –vermeidung (Beschränkung des Bankgeheimnisses, internationale Steuerfahndung, Schließung der Steueroasen) wird die Akkumulation von Reichtum gebremst und die Mittel für die Umverteilung aufgebracht. Steuersenkung bei den unteren Einkommen.[46]

- Grundsicherung

ausreichende sanktionslose Mindestsicherung für Arbeitslose / Erwerbsunfähige ohne Arbeitspflicht. Fernziel: ein garantiertes Grundeinkommen[47] für alle, das die unzureichenden, an Bedingungen geknüpften Sozialleistungen ersetzt, sorgt dafür, dass niemand mehr in Armut bzw. in Angst vor Armut und Schikanierung durch Sozialbehörden leben muss.

- Arbeitsmarktreform

Zeitarbeit, Scheinselbständigkeit, Mini-Jobs, befristete Arbeitsverträge auf ein Minimum reduzieren. Flexibilisierung mit Kündigungsschutz und Sozialversicherung.

7.2.3   Reform der sozialen Sicherungssysteme

Problem der paritätisch finanzierten Sozialversicherungen (Kranken-, Renten-, Arbeitslosenversicherung) heute: steigende Ausgaben (Alterung der Bevölkerung, steigende Arbeitslosigkeit) und sinkende Einnahmen (Rückgang der sozialversicherten Arbeitsplätze, Privatversicherungen für Wohlhabende). Folge: Sozialabgaben steigen für Arbeitnehmer (=> sinkendes

Nettoeinkommen => sinkende private Nachfrage => höhere Arbeitslosigkeit) sowie für Arbeitgeber (=> höhere Lohnkosten, Anreiz zu Rationalisierung , Produktionsauslagerung, Schwarzarbeit, Scheinselbständigkeit, Aufteilung von sozialversicherten Vollzeitarbeitsplätzen in prekäre Teilzeitstellen => höhere Arbeitslosigkeit). Lösung:

Senkung der Ausgaben: Entlastung der Arbeitslosen- und Rentenversicherung durch Zuschüsse aus dem Steueraufkommen oder über das garantierte Grundeinkommen. Versicherungsfremde Leistungen werden ausgegliedert. Überhöhte Kosten von Ärzten, Apotheken und Pharma-Industrie werden nicht mehr finanziert. Die Umverteilung der Arbeit (s.o.) entlastet die Arbeitslosenversicherung zusätzlich.

Erhöhung der Einnahmen: Sozialabgaben auf Kapitaleinkommen, Versicherungspflicht für Selbständige und Beamte, Erhöhung der Beitragsbemessungsgrenze, Einschränkung von Minijobs, Schwarzarbeit und Scheinselbständigkeit. Abschaffung privater Krankenversicherungen für Wohlhabende. Staatliche Zuschüsse.

Resultat: die Verringerung der Lohnnebenkosten erleichtert die Entstehung neuer sozialversicherter Arbeitsplätze, die wiederum neue Sozialabgaben generieren, etc. (positive Rückkopplung).

7.2.4 Regulierung des Finanzsektors

Die Deregulierung des Finanzsektors hat zu einer Häufung von Finanzkrisen geführt, die hohe soziale Kosten (Arbeitslosigkeit, Einkommensverluste) sowie die Verschwendung von Milliarden an Steuergeldern für die Rettung der Banken zur Folge hatte. Um das Risiko weiterer Finanzkrisen zu verringern, ist eine rigorose Regulierung des Finanzsektors erforderlich[48]. Hier ein Katalog an Maßnahmen, gegliedert nach den in Kap. 3.3.4 aufgeführten Hauptursachen für die Instabilität des Finanzsektors.

(1) Verhinderung von Spekulations- und Investitionsblasen

- Durch hohe Besteuerung von Veräußerungsgewinnen (Wertpapiere, Immobilien, Firmenbeteiligungen, Rohstoffe, Devisen, etc.) werden Spekulationsgeschäfte unrentabel.
- Finanztransaktionssteuer mit variablen Sätzen, Erhöhung bei Spekulationsblasen
- Beschränkung des Zugangs zu Rohstoff- und Devisenbörsen für Spekulanten
- Reduzierung des Spekulationskapitals: Verbot des Eigenhandels der Banken, Verbot der Spekulation auf Kredit, Schließung der Hedge-Fonds
- Mindesthaltefristen für Wertpapiere für Investmentfonds, Banken, Versicherungen
- Immobilienmarkt: Verbot/Regulierung der Verbriefung von Krediten (Selbstbehalt), Grunderwerbssteuer, Mindesthaltefristen, maximale Anzahl Wohnungen pro Haushalt
- alle Maßnahmen zur Einkommensumverteilung (Besteuerung von hohen Einkommen, Unternehmensgewinnen und Vermögen, Lohnsteigerungen s.o.) tragen zur Stabilisierung der Finanzmärkte bei, da der Umfang des anlagesuchenden Kapitals verringert und die Möglichkeiten produktiver Investitionen erhöht wird.
- Konjunkturpolitik über Fiskalpolitik - Ausbau der staatlichen Infrastruktur, wodurch die Kapitalnachfrage steigt -, anstatt über expansive Geldpolitik - Erhöhung des Kapitalangebots, das mangels produktiver Anlagemöglichkeiten in spekulative Anlagen (Immobilien, Wertpapiere, Derivate, Rohstoffe) fließt.

(2) Verhinderung von Währungskrisen

- Durch Kapitalverkehrsbeschränkungen wird der Zu- und Abfluss von ausländischem Spekulationskapital gebremst[49]

- Durch Devisenumsatzsteuer werden kurzfristige Spekulationsgeschäfte reduziert. Variable Sätze, Erhöhung zur Abwehr von Spekulationskapital (Spahn-Variante)
- Stabile Wechselkurse, kontrolliert von Weltzentralbank auf Basis von Inflations- und Kaufkraftentwicklung (managed floating)

(3) Reduzierung des Risikos von Bankenkrisen

- Verschärfte Eigenkapitalanforderungen (insbesondere für Derivate), Schuldenbremsen, Liquiditätsanforderungen, damit Banken größere Verluste ohne staatliche Rettungsaktionen verkraften können.
- Von allen Banken finanzierter Rettungsfonds, höhere Anforderungen an individuelle Risikovorsorge (Rückstellungen), Verlustbeteiligung von Anteilseignern und Gläubigern (bail in)
- Kein Bankgeschäft außerhalb der Bankenaufsicht: Niederlassungen in Offshore-Bankenzentren und außerbilanzielle Zweckgesellschaften werden der Bankenaufsicht unterstellt oder geschlossen. Schließung der Steuer- und Regulierungsoasen.
- Verbot von OTC-Derivaten (nur Börsenhandel von Derivaten mit zentralem Kontrahenten und Hinterlegung von Sicherheiten), Reduzierung des Derivatehandels auf echte Hedging-Geschäfte, Obergrenze in Relation zu anderen Aktiva
- Verbot des Eigenhandels der Banken (Verlustrisiko, Aufblähung der Bilanz, geschäftspolitische Ausrichtung auf Spekulation statt Kreditversorgung der Gesellschaft)
- Keine Kreditvergabe für Spekulationsgeschäfte von Kunden
- Verbot/Begrenzung/Regulierung der Verbriefung von Krediten (Selbstbehalt, Transparenz), um eine ausreichende Kreditwürdigkeitsprüfung bei der Kreditvergabe sicherzustellen und das Risiko für die Käufer einschätzbar zu machen

- Verbot von Leerverkäufen (Reduzierung von Kursstürzen und damit verbundenen Buchverlusten, die zu Bankenkrisen führen können)
- Verbot von Vergütungssystemen, die kurzfristige Profitmaximierung ohne Rücksicht auf langfristige Auswirkungen belohnen; Haftpflicht, Verlustbeteiligung für Manager bei Fehlentscheidungen, Verschärfung des Strafrechts
- Genehmigungspflicht für neue Finanzprodukte (Prüfung Risiko, Transparenz, Verbraucherschutz, Nutzen)
- Verschärfung der Bankenaufsicht (Berichtspflichten, Anforderungen an das interne Risiko-Controlling, Prüfungen, Sanktionsmöglichkeiten, Kapazitäten)
- Öffentlich finanzierte Rating-Agenturen
- Trennung von Wirtschaftsprüfung und Unternehmensberatung (s. Rolle der vier großen Unternehmensberatungskonzerne E&Y, PWC, KPMG, Deloitte im Finanzsektor)
- Internationale Bankenaufsicht, um zu vermeiden, dass nationale Aufsichtsbehörden versuchen, durch großzügige Regelungen und Prüfungen der nationalen Finanzindustrie Wettbewerbsvorteile zu verschaffen; um die international tätigen Banken als Ganze überwachen zu können; um Regulierungsoasen zu schließen.
- Definition einer Obergrenze für die Bilanzsumme einer Bank, um die Entstehung von ‚systemrelevanten Banken' zu verhindern (too big to fail), die keinen Anreiz zum Risiko-Controlling mehr haben, da sie vom Staat gerettet werden müssen (implizite Staatsgarantie -> moral hazard), mit dem Risiko eines Staatsbankrotts (‚too big to be saved'). Maßnahmen: Bankenaufteilung (Investment-, Geschäftsbank), Schrumpfung der Bankbilanzen, mit der Größe der Bank steigende Eigenkapitalanforderungen
- Schrumpfung des Bankensektors in Relation zum BSP, Reduzierung des Bankgeschäfts auf „ZEF": Zahlungsverkehr, Einlagengeschäft, Finanzierung; ‚dienende' Rolle des Bankensektors

- Erhalt des Drei-Säulen-Modells des Bankensektors (öffentlich, genossenschaftlich, privat), schnelle Verstaatlichung von Banken im Krisenfall

(4) Reduzierung der Leistungsbilanzungleichgewichte

- Handelspolitik: Defizitländer: Importrestriktionen/Exportförderung; Überschussländer: Abbau von Importrestriktionen/Exportförderung (Problem: Restriktionen im Widerspruch zu Freihandelszonen (EU) und – abkommen)
- Finanzpolitik: alle Maßnahmen zum Abbau des Kapitalüberschusses der Überschussländer (Steuererhöhung, Lohnsteigerung, Bankenregulierung) erschweren auch die Finanzierung von Leistungsbilanzdefiziten
- Währungspolitik: Defizitländer: Abwertung, Überschussländer: Aufwertung (Problem: in Währungsunion (Euro) nicht möglich, spekulative Finanzströme verzerren die Wechselkurse)
- Lohnpolitik: Defizitländer: Lohnsenkung, Überschussländer: Lohnerhöhung (Problem: Lohnsenkung verursacht/verschärft Rückgang des BSP, u.U. sogar einen Lohnsenkungswettlauf mit konkurrierenden Ländern, während eine Erhöhung der Exporte dadurch eintreten kann (auf Kosten konkurrierender Länder), aber nicht muss, also: nur Lohnerhöhung bei Überschussländern vertretbar)
- Energiepolitik: Defizitländer: Energieeinsparung, Energiesteuern, Umstellung auf erneuerbare Energien

7.2.5 Ausbau der öffentlichen Infrastruktur mit nachhaltiger Fiskalpolitik

Die öffentliche Infrastruktur - Bildung, Verkehr, Gesundheit, Energie, Wasser, Kommunikation, soziale Dienste (Kinder, Alte, Behinderte, etc.), Strukturförderung (Regionen, Branchen), Sozialhilfeleistungen, Sozialwohnungsbau, Rechtsprechung, öffentliche Sicherheit, Forschungsförderung,

Kulturförderung, Müllbeseitigung, Umweltschutz, Denkmalschutz, Verbraucherschutz, etc. – ist zu erhalten und auszubauen, da sie ein Bestandteil von Wohlstand und Lebensqualität darstellt.

Stopp / Rücknahme von Privatisierungen, da Privatisierung die soziale Ungleichheit vergrößert (Leistungen nur für Wohlhabende); das privatwirtschaftliche Profitprinzip mit den ökologischen und sozialen Anforderungen in diesen Bereichen besonders stark im Widerspruch steht.

Finanzierung der öffentlichen Infrastruktur langfristig durch ausgeglichenen Staatshaushalt, d.h. keine / geringe Neuverschuldung. Begründung:

- Vermeidung von Überschuldung, Schuldenkrisen, Inflation
- Zinszahlungen stellen bei hohem Schuldenstand einen hohen Anteil der Staatsausgaben dar, netto bleibt immer weniger für die öffentlichen Aufgaben übrig
- Staatsverschuldung heißt Umverteilung von unten nach oben: Steuerzahler an Empfänger von Zinszahlungen; der Staat leiht sich Geld von den Wohlhabenden gegen Zinsen, anstatt sie ordentlich zu besteuern
- Möglichkeit der vorübergehenden Schuldenaufnahme muss für Konjunkturpolitik erhalten bleiben
- Geringes Wachstum verringert die Möglichkeit, aus Schulden ‚herauszuwachsen'

Die Neuverschuldung lässt sich verringern durch Erhöhung der Staatseinnahmen und Verringerung der Staatsausgaben. Im letzteren Fall zählt der Saldo aus Mehr- und Minderausgaben. Im Folgenden ein Überblick über die verfügbaren staatlichen Maßnahmen, sortiert nach Budgetwirkung, um den Gestaltungsspielraum deutlich zu machen:

Erhöhung der Staatseinnahmen:

- höhere Besteuerung von hohen Einkommen, speziell Kapitaleinkommen (Spitzensteuersatz 80% für Superreiche), von Vermögen und Erbschaften (dadurch gleichzeitig Realisierung anderer politischer Ziele: gerechtere Einkommensverteilung, Stabilisierung der Finanzmärkte durch Verringerung des Spekulationskapitals, Steuergerechtigkeit)
- Bekämpfung der Steuerflucht[50]: Aufhebung des Bankgeheimnisses für die Steuerfahndung, automatische Kontrollmitteilungen über Zinsen, Dividenden, Veräußerungsgewinne durch Banken an das Finanzamt des Kontoinhabers (egal ob im Inland oder Ausland), inländische Versteuerung von Auslandseinkommen und –gewinnen, Verbot/Nicht-Anerkennung von Trusts und Scheinfirmen, Ausbau der Steuerfahndung, Erhöhung des Strafmaßes für Steuerhinterziehung, internationale Initiativen und Abkommen zur Schließung von Steueroasen, Änderung der Doppelbesteuerungsabkommen, schwarze Liste + Strafsteuern (dadurch gleichzeitig Realisierung anderer politischer Ziele: s.o.)
- höhere effektive Besteuerung von Unternehmensgewinnen: höhere Steuersätze, Erweiterung der Bemessungsgrundlage (Schuldzinsen, Veräußerungsgewinne, Dividenden von ausländischen Beteiligungen – dadurch auch Bekämpfung der Private Equity Funds), Begrenzung von Verlustvorträgen und Rückstellungen, keine Lizenzgebühren an eigene Tochtergesellschaften im Ausland, Rückzahlung von Subventionen bei Verlagerung von Produktion oder Firmensitz ins Ausland, kein Abzug von Kosten für Tochtergesellschaften, die im Ausland Steuern zahlen, Kontrolle der Verrechnungspreise, alternative minimum tax (Mindeststeuersatz), unitary taxation für multinationale Unternehmen, country by country reporting
- Verhinderung der Umwandlung von steuerpflichtigen Vollzeitarbeitsstellen in steuerbefreite prekäre Arbeitsverhältnisse (Scheinselbständigkeit, Mini-Jobs, etc.) (dadurch gleichzeitig Realisierung anderer politischer Ziele: Erhalt von Arbeitsplätzen, gerechte Einkommensverteilung, höhere Einnahmen für Sozialversicherungen)

- Erhöhung von Ökosteuern (Verbrauchssteuern mit ökologischer Lenkungswirkung): Energie, CO2-Ausstoß, Ressourcenverbrauch, Flugverkehr, Straßenmaut, Atomindustrie, etc. (dadurch gleichzeitig Realisierung anderer politischer Ziele: s. Umweltpolitik)
- Finanztransaktionssteuer, Bankenabgabe, hohe Besteuerung von Veräußerungsgewinnen (dadurch gleichzeitig Realisierung anderer politischer Ziele: Stabilisierung der Finanzmärkte)[51]
- Bekämpfung von Schwarzarbeit, Umsatzsteuerbetrug

Verringerung der Staatsausgaben:

- Militärausgaben (dadurch gleichzeitig Realisierung anderer politischer Ziele: Friedenspolitk)
- sinnlose Großprojekte (Autobahnen, Flughäfen, Großbahnhöfe, Hafenerweiterungen, Flussausbau für die Binnenschifffahrt, Staudämme, internationale Mega-Sportveranstaltungen, kommunale Prestigeprojekte, etc.) (dadurch gleichzeitig Realisierung anderer politischer Ziele: Umweltschutz, Lebensqualität)
- schädliche Subventionen (Firmenwagen, Landwirtschaft, Atomenergie, Kohlebergbau, Pendlerpauschale, etc.) (dadurch gleichzeitig Realisierung anderer politischer Ziele: s. Umweltpolitik)
- Subventionierung von Niedriglöhnen (Kombilöhne, Aufstockung von Arbeitslosengeld, negative Steuern), stattdessen Mindestlöhne (dadurch gleichzeitig Realisierung anderer politischer Ziele: gerechte Einkommensverteilung)
- Subventionierung des traditionellen Familienmodells (Ehegatten-Splitting, Elterngeld / Kindergeld für alle Einkommensschichten = Gebärprämie, Betreuungsgeld = Herdprämie) (dadurch gleichzeitig Realisierung anderer politischer Ziele: Gerechtigkeit, Frauen- Familienpolitik)
- Subventionswettbewerb bei Firmenansiedlungen
- Bankenrettungsprogramme (bei strenger Finanzmarktregulierung nicht mehr notwendig)

- Transparenz und öffentliche Kontrolle: Verhinderung von Korruption und Verschwendung von Steuergeldern

Erhöhung der Staatsausgaben:

- Öffentliche kostenlose Bildung - von Vorschule über Berufsausbildung, Hochschule bis Erwachsenenbildung, Umschulung von Arbeitslosen (dadurch gleichzeitig Realisierung anderer politischer Ziele: Zukunftsinvestition für den Übergang in die Wissensgesellschaft, Sicherung der internationalen Wettbewerbsfähigkeit über Bildung statt Lohnkosten, Umverteilung der Arbeit, gerechte Einkommensverteilung, Chancengleichheit)
- Förderung von erneuerbaren Energien, öffentlichen Verkehrsmitteln, Gebäudesanierung, energie- und ressourcensparenden Produktionstechnologien, Recycling, ökologische Landwirtschaft - (dadurch gleichzeitig Realisierung anderer politischer Ziele: s. Umweltpolitik, qualitatives Wachstum, Schaffung von Arbeitsplätzen)
- Forschungsförderung
- Gesundheit und Pflege
- Subventionierung der Sozialversicherungen (Senkung Lohnnebenkosten) (?)
- Sozialhilfe, Grundsicherung oder bedingungsloses Grundeinkommen (?)
- Sozialer Wohnungsbau
- Entwicklungszusammenarbeit, Schuldenerlass

Die Verringerung der Neuverschuldung kann, aber muss nicht mit Kürzung der Gesamtausgaben einhergehen. Sie ist auch bei steigenden Gesamtausgaben (Erhöhungen minus Kürzungen > 0) möglich - dann, wenn die Staatseinnahmen schneller steigen als die Ausgaben. Dasselbe gilt für die Erwirtschaftung von Haushaltsüberschüssen für den Abbau des Schuldenberges.

Die Erhöhung von Staatseinnahmen hat einen wachstumsfördernden Effekt, wenn sie die Sparquote (und nicht die Konsumausgaben) der Haushalte verringert und nicht ausschließlich für den Schuldenabbau verwendet wird. Dies ist insbesondere bei höherer Besteuerung der oberen Einkommensgruppen der Fall: überflüssige Ersparnis wird in gesamtwirtschaftliche Nachfrage verwandelt.

Eine langfristige nachhaltige Fiskalpolitik ist zwangsläufig immer eingebettet in der kurzfristigen Konjunkturpolitik: da die Marktwirtschaft unvermeidlich Konjunkturschwankungen erzeugt, muss der Staat durch eine antizyklische Fiskalpolitik dagegenhalten. D. h. die Ausgaben werden in einer Rezession erhöht (finanziert durch höhere Schulden, Steuern, bzw. durch Umschuldung, Schuldenstreichung) und in der Hochkonjunktur gesenkt, u.U. flankiert von expansiver Geldpolitik (Zinssenkung, Erhöhung der Geldmenge). Eine expansive Geldpolitik allein ist nicht in der Lage, Rezessionen zu überwinden.

Auf keinen Fall darf eine Krise durch Sparpolitik prozyklisch verstärkt werden (z. B. Austeritätspolitik der Troika, Schuldenbremse, EU-Fiskalpakt, IWF-Auflage für Notkredite). Noch unsinniger ist es, Schulden durch Sparpolitik in der Krise abbauen zu wollen (s. Weltwirtschaftskrise 1929-33. EU-Sparauflagen für Südeuropa). Untragbare Schulden müssen erlassen, umgeschuldet oder von Zentralbanken übernommen werden.

7.2.6   Solidarische Handelspolitik

Weder Ausweitung des Freihandels (TTIP, weitere WTO-Runden, EPA, bilaterale Freihandelsabkommen), noch Protektionismus der Industrieländer (nationalistischer Staatsinterventionismus), sondern ‚solidarische Handelspolitik' – was heißt das? Der bestehende Freihandel führt unter den Niedriglohnstaaten (Dritte Welt, Transformationsländer in Osteuropa) zu einem Lohn-, Sozialstandard- und Steuersenkungswettbewerb zur Anwerbung von Investoren, erzeugt dort eine exportorientierte Industrialisierung mit wenig Impulsen für den Binnenmarkt, und verhindert ein binnenmarktorientiertes, selbst tragendes Wachstum, das die Armut überwinden könnte (s. Kap. 11.3). Das niedrige Lohnniveau löst immer weiter Produktionsverlagerungen

von Hoch- in Niedriglohnländer aus und verhindert Lohnsteigerungen in Hochlohnländern, da Arbeitgeber immer mit der Produktionsverlagerung drohen können.

Wenn nun jedoch das Lohnniveau der armen Länder zu dem der
Hochlohnländer <u>aufschließen</u> würde, entstünde eine neue Dynamik: die steigenden Löhne schaffen Nachfrage nach in- und ausländischen Produkten, die Produktionsauslagerung von Hoch-
zu Niedriglohnländern lohnt sich immer weniger, der Lohnsenkungsdruck in den Hochlohnländern lässt nach. Dieses Ziel kann
durch eine ‚solidarische' Handelspolitik unterstützt werden:

- Industrieländer können Anti-Dumping-Abgaben auf Importe erheben, wenn bestimmte soziale Mindestnormen
  (Mindestlöhne, Arbeitszeiten, Arbeitsschutz, Steuerzahlungen und vor allem Streikrecht und Gewerkschaftsfreiheit)
  nicht eingehalten werden. Oder: Abschluss alternativer Freihandelsabkommen, die diese Mindestnormen festlegen.
- Länder der Dritten Welt können Importbeschränkungen einführen oder aufrechterhalten, wenn bestehende Arbeitsplätze bedroht sind (z.B. kleinbäuerliche Landwirtschaft
  durch EU-Agrarüberschüsse) oder wenn Produktion für den
  Binnenmarkt aufgebaut werden soll. (s. Kap. 14.1 Binnenmarktorientiertes Wachstum)

Allein die Möglichkeit von Anti-Dumpingmaßnahmen stärkt die
Verhandlungsposition der Gewerkschaften der armen Länder.
Unternehmen brauchen bei Lohnerhöhungen nicht die Unterbietung durch andere Länder befürchten, die die Mindestnormen
nicht einhalten. Das Aufschließen des Lohnniveaus zu dem der
Hochlohnländer ist möglich, da die Arbeitsproduktivität der
Hochlohnländer kaum noch steigt (s. Kap. 5.3.1), während die
niedrige Produktivität der armen Länder noch hohe Steigerungs-
möglichkeiten bietet, die wiederum Lohnsteigerungen ermöglichen. Steigende Löhne in den Exportsektoren der Dritten Welt
schaffen steigende Nachfrage nach Produkten der binnenmarktorientierten Sektoren der jeweiligen Länder.

Die solidarische Handelspolitik kann ergänzt werden durch Entwicklungszusammenarbeit, die arme Länder bei dem Ausbau der armutsorientierten öffentlichen Infrastruktur unterstützt, sowie durch Aufnahme von Migranten, die Teile ihres Einkommens in ihre Heimatländer überweisen.

Sowohl die neoliberale wie die nationalistische Handelspolitik sind Versuche der Industrieländer, sich auf Kosten der armen Länder zu bereichern: die neoliberale Handelspolitik versucht, durch Beseitigung der bestehenden Importbeschränkungen der armen Länder neue Exportmärkte für die Industrieländer zu erobern, wobei die binnenmarktorientierten Sektoren (Landwirtschaft, Kleingewerbe, Industrie) der armen Länder ruiniert werden. Die nationalistische Handelspolitik ruiniert durch Importbeschränkungen die exportorientierten Sektoren der armen Länder, die durch die neoliberale Politik in den letzten 30 Jahren aufgebaut wurden. Die solidarische Handelspolitik dagegen versucht dazu beizutragen, dass Lohnniveau und Wohlstand sowohl in den export- wie binnenmarktorientierten Sektoren der armen Länder erhöht werden. Dies hat langfristig auch positive Rückwirkungen auf die Industrieländer: wachsende Nachfrage nach Exportgütern, Verringerung von Produktionsauslagerungen und Lohnsenkungsdruck, größere wirtschaftliche und politische Stabilität, Verringerung des Migrationsdrucks.

7.2.7 Ökologischer Umbau der Gesellschaft

Alle Wirtschaftssektoren müssen auf eine ökologisch nachhaltige Produktionsweise umgestellt werden, die
- den Verbrauch endlicher Ressourcen (Energie, Rohstoffe, Boden, Wasser, etc.) sowie
- die Umweltbelastung (CO_2, Schadstoffe, Strahlung, etc.)
minimiert (Umstellung der Energieproduktion auf erneuerbare Energiequellen, Energieeinsparung, Kreislaufwirtschaft, ökologischer Landbau, etc.). Insbesondere die nahende Erschöpfung der Erdölvorräte und der Klimawandel erzeugen einen enormen Handlungsdruck.

Der Umbau kann nicht dem Marktmechanismus überlassen werden. Privatunternehmen handeln zwangsläufig im Rahmen der betriebswirtschaftlichen Rationalität und können gesellschaftliche Auswirkungen ihres Handelns (Umwelt, Gesundheit, Arbeitsmarkt, Lebensqualität) nicht berücksichtigen. Der Staat muss durch Regulierungen, Verbote, Subventionen, Ökosteuern, Forschungsförderung, Verkauf mit Verschmutzungsrechten, Investitionen das privatwirtschaftliche Handeln in die gesellschaftlich notwendige Richtung steuern.

Um den Ressourcenverbrauch und die Umweltbelastung zu minimieren, muss ein ‚anderer' technischer Fortschritt stattfinden: das Hauptziel von Forschung und Entwicklung muss die Steigerung der Ressourcenproduktivität sein - nicht mehr wie bisher die Steigerung der Arbeitsproduktivität. (Viele nachhaltige Technologien sind sogar relativ arbeitsintensiv: ökologischer Landbau, Recycling, Gebäudesanierung, dezentrale Energieversorgung, nachwachsende Rohstoffe).

Dieser ‚andere' technische Fortschritt wird erzwungen durch Veränderung der Preisrelationen zwischen Rohstoffen und Arbeit. Teilweise geschieht dies automatisch:
- die Verknappung der endlichen Ressourcen erhöht die Preise
- neue Lagerstätten sind immer schwieriger zu erschließen

Teilweise muss die Politik die Verteuerung bewusst herbeiführen
- die Internalisierung der Umweltkosten verteuert die Rohstoffgewinnung
- Erhebung von Ökosteuern auf den Ressourcenverbrauch
- Unternehmen werden verpflichtet, Verschmutzungsrechte zu erwerben

Der technische Wandel berührt alle Wirtschaftssektoren und Lebensbereiche[52]:

- Energie: Wind, Sonne, Biomasse, Wasser statt Kohle, Erdöl, Erdgas, Atom; neue Techniken der Energiespeicherung (Wasserstoff, Batterien)
- Verkehr: Öffentliche Verkehrsmittel, Fahrrad, Fußwege, Mietwagen mit Elektroantrieb statt Massenindividualverkehr auf Erdölbasis
- Chemie: Umstellung von Kohle/Erdöl auf Biomasse und künstliche Fotosynthese, neue Werkstoffe, Recycling, Eliminierung von Schadstoffen
- Bauwirtschaft: Nullenergie-Gebäude (oder gar energieerzeugende Gebäude)
- Stadt-/Raumplanung: kurze Wege: Verkehrsvermeidung durch Integration von Wohnen, Arbeiten, Einkaufen, Freizeit; Ausbau öffentlicher Räume, öffentliche Verkehrsmittel, urban gardening, Stadtbegrünung, Stadt als Begegnungsstätte
- Landwirtschaft: integrierte Landwirtschaft, Biodiversität statt Monokultur, Chemie, Massentierhaltung
- Abfallentsorgung: Wiederverwendung statt Vernichtung
- IT: Verkehrsvermeidung durch Dezentralisierung, elektronischer Kommunikation
- Alle Wirtschaftssektoren: Energieeinsparung, Materialeinsparung, Recycling(fähigkeit)

Konsumverhalten:

- Ernährung: ökologische Produkte, weniger Fleisch, regionale Produkte
- Wohnen: Energieeinsparung
- Mobilität: öffentliche Verkehrsmittel, Fahrrad, zu Fuß, Car Sharing
- Wiederverwendung, Reparatur, Tausch, Second Hand, Teilen, Leihen, Schenken

7.2.8 Demokratisierung der Gesellschaft

Durch die wachsende Mobilität des internationalen Kapitals wird der Handlungsspielraum demokratisch gewählter

Regierungen eingeschränkt (s. o.). Durch folgende Strategien könnte der Handlungsspielraum wieder erweitert werden:

- Globalisierung der Sozial- und Umweltstandards: dadurch können Investoren nicht glaubwürdig mit Abwanderung drohen
- Reregulierung der Weltwirtschaft: Aufbau von internationalen Institutionen, die die internationalen Finanz- und Warenströme kontrollieren können
- Globalisierung des Widerstands: Investoren können nicht mehr Standorte gegeneinander ausspielen
- Unternehmen in Arbeitnehmerhand: diese können nicht glaubwürdig mit Abwanderung drohen, weil sie ihre eigenen Arbeitsplätze vernichten würden
- Recht auf Verstaatlichung: wenn Unternehmen den Interessen eines Landes zuwiderhandeln, müssen sie verstaatlicht werden können. Allein die Möglichkeit der Drohung verändert das Kräfteverhältnis zwischen Staat und Privatkapital

Es muss nicht nur der Entscheidungsspielraum des Staates erweitert werden, sondern es müssen auch die Entscheidungsprozesse demokratisiert werden. Die parlamentarische Demokratie ist durch Elemente der direkten Demokratie zu ergänzen: Volksabstimmungen über Gesetze, Einzelmaßnahmen, Staatshaushalte auf kommunaler, regionaler, nationaler und europäischer Ebene.

Demokratisierung setzt Schutz und Ausbau der Bürgerrechte voraus (Meinungs-, Versammlungs-, Presse- etc. freiheit).
Demokratisierung setzt eine strenge Kontrolle von privaten und öffentlichen Medienunternehmen voraus: Verpflichtung zur Meinungsvielfalt, neutrale Berichterstattung, Verhinderung von Monopolen, spezielle Rechtsformen (Streubesitz, Genossenschaften, Stiftungen, öffentlich-rechtlich).

Demokratisierung setzt eine strenge Kontrolle von Lobby-Verbänden voraus. Verbände, Politiker und Parteien müssen alle Geldflüsse und Verträge offenlegen. Höchstgrenze für Zuwendungen, hohe Strafen für Verstöße.

Demokratisierung erfordert Transparenz politischer Entscheidungen: Veröffentlichung aller Informationen, Absprachen, Verhandlungen.

Demokratisierung der Arbeitswelt: Ausbau der betrieblichen Mitbestimmung der Arbeitnehmer, genossenschaftliche Eigentumsverhältnisse an den Produktionsmitteln.

Demokratisierung der Europäischen Union: Entmachtung von Kommission und Ministerrat, Legislative nur bei Europaparlament, Transparenz, Volksabstimmungen[53] . Keine Geheimverhandlungen, keine Abkommen, die die Wirtschaftspolitik einzelner Staaten determiniert (Fiskalpakt), keine Investitionsschutzabkommen und Freihandelsabkommen, die die Interessen von Konzernen über die der Bevölkerung stellt.

Demokratisierung internationaler Institutionen (IWF, Weltbank): 1 Land 1 Stimme, Transparenz.

7.3 Wirtschaftliche Entwicklung

7.3.1 Nullwachstum

Wie sind die **kurzfristigen Wachstumsaussichten** einer ‚sozial-ökologischen' Reformpolitik, wie sie in den obigen Kapiteln skizziert ist, einzuschätzen?

Die gesamtwirtschaftliche Nachfrage wird – im Vergleich zu einer neoliberalen Wirtschaftspolitik - vorübergehend *erhöht*:

- Die Erhöhung der Reallöhne entsprechend der Erhöhung der Arbeitsproduktivität (u. U. vorübergehend darüber hinaus) sowie die Erhöhung der Mindestlöhne erhöhen die Konsumnachfrage und Steuereinnahmen.
- Durch Einkommensumverteilung von oben nach unten werden die unteren Einkommen mit geringer Sparquote erhöht,

die oberen mit hoher Sparquote verringert, und damit ebenfalls die Konsumnachfrage erhöht
- nachhaltige Fiskalpolitik: Verzicht auf staatliche Sparpolitik, Erhalt/Ausbau des Sozialstaats, Ausbau der staatlichen Infrastruktur, finanziert durch Erhöhung der Unternehmens- Einkommens- und Vermögenssteuern der Reichen, verwandelt überschüssiges Kapital, das keine produktive Verwendung findet und nur die Finanzmärkte destabilisiert, in zusätzliche kaufkräftige Nachfrage
- ökologischer Umbau: durch Umweltpolitik werden private und öffentliche Investitionen angeregt, die sonst unterblieben wären (Energieerzeugung, Gebäudesanierung, Energieeinsparung, öffentliche Verkehrsmittel, etc.)
- Konjunkturpolitik: Krisen werden durch Konjunktur- und Investitionsprogramme überwunden, wodurch die Wachstumseinbußen geringer ausfallen als bei einem neoliberalen Krisenmanagement (Strukturreformen, Sparpolitik)

Eine sozial-ökologische Reformpolitik hat widersprüchliche Auswirkungen auf das Wachstum:

- Für einige Länder fallen auf Lohn- und Steuersenkung beruhende Exporterfolge weg, für andere die Verdrängung einheimischer Produktion durch Billigimporte
- Regulierung des Finanzsektors: auf Verschuldung und Spekulationsblasen beruhende Boomphasen fallen weg, allerdings auch die darauf folgenden Krisen und Stagnationsphasen, die durch den Abbau der Überschuldung und der aufgeblähten Bilanzen des Finanzsektors entstehen (vgl. Japan nach 1991, Europa/USA nach 2009)

Fazit: abgesehen von auf Verschuldung und Spekulationsblasen basierenden Boomphasen kann das Wachstum einer sozial-ökologischen Reformpolitik zunächst höher liegen das einer neoliberalen Spar- und Lohnsenkungspolitik – im Widerspruch zur ‚Verzichts-Rhetorik', die Gegner und Befürworter gelegentlich verwenden[54].

Wie sind die **langfristigen Wachstumsaussichten** einer ‚sozial-
ökologischen' Reformpolitik einzuschätzen? Die Wachstumsraten werden in den Industrieländern langfristig **gegen Null gehen**. Begründung:

-   Die Bevölkerung schrumpft. Der Anteil der Rentner an der
    Bevölkerung steigt, d.h. der wirtschaftlich aktive Teil der
    Bevölkerung schrumpft sogar noch schneller (Ausnahme
    Einwanderungsländer USA, Kanada, Australien). Wachs-
    tum über Mehreinsatz des Produktionsfaktors Arbeit findet
    nicht mehr statt. Wachstum ist nur über Steigerung der Ar-
    beitsproduktivität möglich – aber:

-   Die Steigerung der Arbeitsproduktivität ist seit Jahren rück-
    läufig (s. Kap 5.3.1), eine Entwicklung, die sich unabhängig
    von der wirtschaftspolitischen Ausrichtung fortsetzen
    dürfte. Die Produktivitätssteigerungen werden bei einer
    nachhaltigen Entwicklung noch weiter zurückgehen: zur
    Reduzierung des Ressourcenverbrauchs muss ein ‚anderer'
    technischer Fortschritt stattfinden, dessen Ziel die Steige-
    rung der Ressourcenproduktivität - nicht mehr wie bisher
    die Steigerung der Arbeitsproduktivität ist (s. Kap. 7.2.7).
    Konsequenz: selbst wenn in Zukunft die Produktivitätsstei-
    gerung vollständig für die Erhöhung von Reallöhnen und
    Konsumnachfrage genutzt werden, wird das resultierende
    Wachstum daher gering und rückläufig sein.

-   Die Wachstumseffekte durch Lohnsteigerungen werden ge-
    bremst durch Verschlechterung der in internationalen Wett-
    bewerbsfähigkeit (Rückgang der Exporte, verstärkte Pro-
    duktionsauslagerung in Niedriglohnländer) – zumindest
    wenn die sozial-ökologische Reformpolitik im Alleingang
    in einem Land praktiziert wird, während die konkurrieren-
    den Länder sie nicht anwenden.

-   Die Wachstumseffekte durch Umverteilung (Verringerung
    der Ersparnis s.o.) laufen irgendwann aus (wenn eine halb-
    wegs ausgeglichene Einkommensverteilung erreicht ist).

- Wachstum über dauerhafte Erhöhung der Staatsverschuldung ist angesichts des bereits hohen Schuldenstandes nicht mehr möglich (Steigerung der Staatsverschuldung nur vorübergehend im Rahmen der antizyklischen Konjunkturpolitik).

- Ziel der Finanzmarktreformen ist es, die aufgeblähten Bilanzen der Banken zu reduzieren. Dies geschieht dadurch, dass die Schuldner (Haushalte, Firmen) mehr Kredite tilgen als neu aufnehmen, d.h. ein Teil des Einkommens wird zum Schuldenabbau verwendet, was die gesamtwirtschaftliche Nachfrage verringert (negativer Wachstumsbeitrag). Wachstum über dauerhafte Steigerung der privaten Verschuldung gibt es nicht mehr.

- Bei einer sozial-ökologischen Reformpolitik ist sowohl das Kapitalangebot wie die Kapitalnachfrage geringer als bei einer neoliberalen Wirtschaftspolitik. <u>Kapitalangebot</u>: Reallohnsteigerungen und höhere Unternehmenssteuern verringern die Unternehmensgewinne, Umverteilung des Einkommens und soziale Sicherheit verringern die Sparquote der Haushalte, die Finanzmarktregulierung reduziert die Kreditvergabe der Banken. <u>Kapitalnachfrage</u>: geringe Neuverschuldung des Staates durch ausreichende Steuereinnahmen, geringe Neuverschuldung der privaten Haushalte, geringe Erweiterungsinvestitionen der Unternehmen angesichts der stagnierenden Konsumnachfrage. Spar- und Investitionsquote pendeln sich auf einem niedrigen Niveau ein und erzeugen tendenziell ein Nullwachstum[55].

- Investitionen in den ökologischen Umbau sind prinzipiell *Ersatzinvestitionen* (Wind statt Kohle, neue Maschinen sind energieeffizienter als alte), oder verdrängen andere (Ausbau des Schienennetzes anstatt des Autobahnnetzes), d.h. sie erzeugen kein Wachstum, sondern verändern nur die eingesetzten Technologien im Rahmen der ständig stattfindenden Ersatzinvestitionen.

- Ökologisch nachhaltige Produktionsverfahren, Ökosteuern, knapper werdende Rohstoffvorkommen sowie Sozialstandards verteuern viele Konsumgüter (Nahrungsmittel, Bekleidung, Haushaltsgegenstände, Energie, Verkehrsdienstleistungen). Die höheren Preise verringern die Nachfragemengen. Der Umsatz der Konsumgüterproduktion (d.h. der Beitrag zum BSP) als Produkt aus Menge x Preis ist angesichts der gegenläufigen Veränderungen schwer vorauszusagen – aber es dürfte tendenziell auf ein Nullwachstum hinauslaufen: es werden weniger, teurere Produkte produziert und konsumiert, wobei der Ressourcenverbrauch und die Umweltbelastung zurückgehen.

- Das Wirtschaftswachstum wird gebremst durch die ständig stattfindende Produktionsverlagerung aus den Hochlohnländern in Niedriglohnländer. Der Wachstumsverlust kann verringert werden durch zusätzliche Exporte (z.B. Luxuskonsumgütern oder Maschinen) in die Niedriglohnländer. Falls es gelingt, in den Niedriglohnländern höhere (Mindest-) Löhne, Sozial- und Umweltstandards durchzusetzen, wird der Anreiz zur Produktionsverlagerung reduziert. Eine solche Politik (s. Kap. 14) würde in den armen Ländern die Einkommen der armen, nicht der reichen Haushalte erhöhen, was den Absatz von Luxuskonsumgütern und Hochtechnologie aus den reichen Industrieländern eher bremsen dürfte.

Fazit: eine sozial-ökologischen Reformpolitik führt langfristig zu Nullwachstum – nicht anders als die Fortsetzung der neoliberalen Wirtschaftspolitik. Es gibt aber einige wesentliche Unterschiede im Vergleich zu der Entwicklung, die bei Fortsetzung der neoliberalen Wirtschaftspolitik zu erwarten wäre (s. Kap. 5.3):

7.3.2   Verringerung der sozialen Ungleichheit

Die Umverteilung von Arbeit (s. Kap. 7.2.1) und Einkommen (s. Kap. 7.2.2), die Reform der sozialen Sicherungssysteme (s. Kap.

7.2.3) und der Ausbau der öffentlichen Infrastruktur (s. Kap. 7.2.5) sorgen für abnehmende Gegensätze zwischen Arm und Reich.

7.3.3 Verringerung der wirtschaftlichen Instabilität

Die strenge Regulierung der Finanzmärkte (s. Kap. 7.2.4) und die antizyklische Konjunkturpolitik stabilisieren die Ökonomie und reduzieren die Krisenanfälligkeit.

7.3.4 Verringerung des Ressourcenverbrauchs und der Umweltbelastung

Das Nullwachstum in Verbindung mit Umstellung auf nachhaltige Produktions- und Konsumtechnologien (s. Kap. 7.2.7) führt zu einer absoluten Reduktion des Ressourcenverbrauchs und der Umweltbelastung. Damit wäre die zentrale Forderung der ‚Postwachstums-' bzw. ‚Degrowth-' Bewegung erfüllt – zumindest die der Rücknahme des Ressourcenverbrauchs, wenn auch nicht die Rücknahme des in Geldeinheiten gemessenen Bruttosozialprodukts.[56]

7.3.5 Erhöhung der Lebensqualität

Die Lebensqualität steigt durch Ausbau der öffentlichen Infrastruktur und der sozialen Sicherungssysteme, durch mehr Freizeit, durch eine gesunde Umwelt, durch humane Arbeitsbedingungen, durch die Demokratisierung der Gesellschaft.

8 Fazit: Lehren für die Wirtschaftspolitik der Industrieländer

Der Rückblick auf die Wirtschaftsgeschichte der Industrieländer zeigt, dass der freie Markt nicht zu maximalem Wohlstand für alle führt, sondern zu stetig wachsenden Gegensätzen zwischen Arm und Reich, zu häufigen Wirtschaftskrisen und zu Ressourcenverschwendung und Umweltbelastung. Die freie Markwirtschaft maximiert den Wohlstand weder gemessen in Geldeinkommen, noch gemessen in sozialer Sicherheit, Qualität der Arbeits- und Wohnbedingungen, Gesundheit, öffentlichen Dienstleistungen, sauberer Umwelt. Anhänger des Marktradikalismus argumentieren, dass dies der Preis für ein hohes Wirtschaftswachstum ist, von dem letztlich alle profitieren. Dagegen spricht, dass während der keynesianischen Epoche von den 1930er bis 1970er Jahren nicht nur die soziale Gleichheit und wirtschaftliche Stabilität größer war, sondern auch das Wirtschaftswachstum höher war als in den vorausgegangenen und nachfolgenden wirtschaftsliberalen Epochen.

Die Lehre aus dem historischen Rückblick ist, dass wir einen Staat benötigen, der in den Wirtschaftsprozess eingreift, um die Defizite des marktwirtschaftlichen Systems auszugleichen:

- Soziale Gerechtigkeit kann es nur durch Umverteilung von Einkommen, Vermögen und Arbeit geben

- Wirtschaftliche Stabilität kann es nur durch strenge Regulierung der Finanzmärkte, Umverteilung von Einkommen und Vermögen, sowie antizyklische Fiskalpolitik geben

- Klima- und andere Umweltkatastrophen können nur verhindert werden, wenn der Staat durch Regulierungen, Steuern, Verbote und Anreize eine nachhaltige Produktionsweise durchsetzt

- die Lebensqualität hängt davon ab, wie stark die Unternehmerfreiheit durch staatliche Regulierungen zugunsten der

Interessen von Arbeitnehmern, Mietern, Verbrauchern, Umwelt und Gesundheit eingeschränkt wird, sowie von Umfang und Qualität der öffentlichen Dienstleistungen und Sozialversicherungen

Die Kernaussagen der Neoklassik („Arbeitslosigkeit kann es nur bei überhöhten Löhnen geben", „Jedes Angebot schafft sich seine eigene Nachfrage", „Jede staatliche Intervention in die Wirtschaft verringert den Wohlstand", „Je höher die Unternehmensgewinne, desto höher das Wachstum", „Soziale Ungleichheit fördert das Wachstum", „Freihandel schafft immer Vorteile für alle Handelspartner", etc.) erweisen sich schlicht und einfach als falsch. Es ist der Zeitpunkt gekommen, diese falsche Theorie aus Wissenschaft und Politik zu verbannen.

Das Gedankengut des Neoliberalismus verbreitet sich nicht aufgrund wissenschaftlicher Fundierung, sondern aufgrund seiner Ideologiefunktion: der Neoliberalismus erlaubt es, Maßnahmen im Interesse des Privatkapitals und der wohlhabenden Oberschicht als Maßnahmen im Interesse der Allgemeinheit zu verkaufen (z.B. „je höher der Gewinn, desto höher das Wachstum", „je geringer die Löhne, Sozialleistungen, Arbeitnehmerrechte desto geringer die Arbeitslosigkeit"). So ist es kein Zufall, dass neoliberale Think Tanks wie z.B. die ‚Initiative Neue Soziale Marktwirtschaft' (INSM) von Lobby-Verbänden der Privatwirtschaft (im Fall der INSM von den deutschen Arbeitgeberverbänden und dem Bundesverband der deutschen Industrie) gegründet und finanziert werden. Noch deutlicher wird dies in den USA, wo die Heritage Foundation und das Cato Institute zu den neoliberalen Vordenkern gehören. Sie werden finanziert von amerikanischen Privatunternehmen und Milliardären wie den Koch-Brüdern, die ebenfalls die Tea Party Bewegung (die das neoliberale Gedankengut in quasi-religiöse und fundamentalistische Dimensionen hineinsteigert) und die Wahlkämpfe von Politikern mit einer entsprechenden Agenda finanzieren. Alle Geldgeber haben ein geschäftliches Interesse an der Durchsetzung der neoliberalen Politik: Reduzierung von Steuern und Sozialabgaben, Schwächung der Gewerkschaften, Deregulierung speziell im Bereich Umwelt- und Naturschutz. (Die genannten Institute stellen auch den Klimawandel in Frage).

Ein Ziel kann aber auch mit einer staatsinterventionistischen Wirtschaftspolitik nicht erreicht werden: ein ständiges, hohes Wirtschaftswachstum. Dieses hängt von Variablen ab, die unabhängig von der wirtschaftspolitischen Ideologie sind und nicht oder kaum der politischen Kontrolle unterliegen: der Bevölkerungsentwicklung und dem technischen Fortschritt. Bei der derzeitigen schrumpfenden Erwerbsbevölkerung und gering wachsenden Arbeitsproduktivität kann es kein Wirtschaftswachstum geben.

Die Industrieländer stehen daher vor der Wahl zwischen Varianten des Nullwachstums: entweder Nullwachstum als Ergebnis einer Fortsetzung der neoliberalen Wirtschaftspolitik (s. Kap. 5.3) oder Null- bzw. Negativwachstum als Folge einer nationalistischen Wirtschaftspolitik (s. Kap. 6.3) oder Nullwachstum als Ergebnis einer sozial-ökologischen Reformpolitik (s. Kap. 7.3). Die Alternativen sind: Nullwachstum mit mehr oder weniger Armut und sozialer Ungerechtigkeit, mit mehr oder weniger Wirtschaftskrisen, mit mehr oder weniger Umweltzerstörung, mit mehr oder weniger Lebensqualität[57], mit mehr oder weniger negativen Auswirkungen für die Länder des Globalen Südens.

Mehr Alternativen gibt es nicht: die Steuerungsmöglichkeiten des Wirtschaftsprozesses in der globalisierten Weltwirtschaft werden allgemein überschätzt. Der Wirtschaftsprozess in der globalisierten Weltwirtschaft besitzt eine Eigendynamik, die nur mit größter Mühe durch politische Maßnahmen zu modifizieren ist. Die tatsächlichen Wachstumsraten und -muster sind selten die politisch gewollten, was nicht an der Unfähigkeit der Politiker, sondern an der objektiven Unmöglichkeit liegt, den kapitalistischen Wirtschaftsprozess exakt zu steuern. Der Staat und andere politische Akteure können höchstens Impulse in einen autonom verlaufenden Prozess geben. Politik ist die Kunst, diesen begrenzten Handlungsspielraum optimal zu nutzen.

Für die Industrieländer besteht die optimale Nutzung des Handlungsspielraums darin, das unvermeidliche Nullwachstum möglichst sozial, umweltverträglich, nachhaltig, demokratisch, lebenswert zu gestalten. Dies erfordert einen sozial-ökologischen Umbau der Gesellschaft, der eine nachfrageorientierte Wirtschaftspolitik mit einem intelligenten Staatsinterventionismus, Umverteilung und einer Demokratisierung von unten verbindet.[58]

Wenn es nicht gelingt, dieses Ziel zu erreichen, werden die Defizite des neoliberalen Wirtschaftsmodells von rechtspopulistischen, nationalistischen politischen Kräften ausgeschlachtet, die die Industrieländer in egoistische, kompromissunfähige, hasserfüllte, autoritäre „Vaterländer" verwandeln wollen, die sich auf Kosten anderer Länder bereichern und dabei die seit dem zweiten Weltkrieg bestehende politische Stabilität zerstören.

TEIL II: DRITTE WELT

Im ersten Teil des Buches wurde dargestellt, wie die wirtschaftspolitischen Ideologien - Merkantilismus, klassischer Liberalismus, Keynesianismus, Neoliberalismus - die Wirtschaftsgeschichte der Industrieländer geprägt haben. In einem historischen Rückblick soll nun zunächst gezeigt werden, wie sich diese Epochen in den Ländern der Dritten Welt niedergeschlagen haben und warum in keiner dieser Epochen die Armut überwunden werden konnte.

Ziel des Rückblicks ist, Szenarien für die Zukunft der Dritten Welt abzuleiten: welches Zukunftsszenario ist bei Fortsetzung der neoliberalen Wirtschaftpolitik zu erwarten? Welches bei Umsetzung des Forderungskatalogs des rechtspopulistischen, nationalistischen politischen Spektrums? Durch welche Politik kann die Armut in der Dritten Welt überwunden werden?

9 Epoche des klassischen Liberalismus (Industrielle Revolution bis 1930er Jahre)

9.1 Theoretische Grundlagen

Die Theoretiker des klassischen Liberalismus (s. Kap 3.1) hatten primär die Ökonomie der Industriestaaten im Blick. Die Aussagen über Marktgesetze und den nutzenmaximierenden Homo oeconomicus beanspruchten jedoch allgemeine Gültigkeit unabhängig von Zeit und Raum.

9.2 Umsetzung in der Dritten Welt

Die frühe Industrialisierung Europas Ende des 18. / Anfang des 19. Jahrhunderts fiel nicht nur zusammen mit dem Übergang von der feudalistischen zur kapitalistischen Wirtschaftsordnung und der merkantilistischen Wirtschaftspolitik, sondern auch mit der ersten Phase der Kolonisierung.

In der ersten Phase der Kolonisierung wurden Territorien von europäischen Feudalstaaten erobert, die sich für die Besiedlung durch europäische Auswanderer eigneten (Nord-, Südamerika, Australien, Neuseeland, Südafrika). Die Kolonien nahmen die überschüssige europäische Bevölkerung auf, wobei die indigene Bevölkerung in unterschiedlichen Graden ausgerottet wurde. Zu Beginn der Industrialisierung in Europa hatten sich die meisten Siedlerkolonien bereits politisch selbständig gemacht (USA 1776, Brasilien 1822), waren aber kulturell und wirtschaftlich weiter mit den ehemaligen Kolonialmächten und Herkunftsländern der Siedler verbunden.

Diese Phase der Kolonisierung brachte auch die Sklavenwirtschaft hervor: in der Karibik und Brasilien wurden Zucker, in den Südstaaten der USA Baumwolle und Tabak mit afrikanischen Sklaven für den europäischen Markt hergestellt.

In Afrika und Asien dagegen bestanden zu dieser Zeit nur Handelsniederlassungen an den Küsten, die die in Europa nachgefragten Rohstoffe von einheimischen Händlern zu kaufen suchten. Eine eigene Produktion von Rohstoffen fand nicht statt.

Als Mitte des 19. Jahrhunderts die beschleunigte Industrialisierung Europas (Stahl, Eisenbahnbau, Dampfschifffahrt, später Elektrotechnik, Chemie) begann, hatte sich der Wirtschaftsliberalismus endgültig gegen den Merkantilismus durchgesetzt. Gleichzeitig begann die zweite Phase der Kolonisierung, in der fast alle vorindustrielle Gesellschaften Asiens und Afrikas durch europäische Kolonialmächte unterworfen wurden mit dem Ziel, den schnell wachsenden Rohstoffbedarf Europas zu decken. Der Bezug über Handelsniederlassungen reichte nicht mehr aus, die Rohstoffe sollten direkt unter Kontrolle der Kolonialmächte angebaut bzw. gefördert werden.

Die indigene Bevölkerung wurde zu einem kleinen Teil als Arbeitskräfte auf den Plantagen und in den Bergwerken benötigt. Ein kleiner Teil der Bauern wurde dazu gebracht, Exportkulturen anzubauen anstelle von oder zusätzlich zu Nahrungsmitteln für den Eigenbedarf. Der größte Teil der Bevölkerung war jedoch wirtschaftlich uninteressant. Trotzdem hatte die Kolonisierung Auswirkungen für die gesamte Bevölkerung: wirtschaftlich ungenutztes Land wurde zum Eigentum der Kolonialmacht erklärt (‚Crown Land' - dadurch Beendigung der Möglichkeit, die landwirtschaftliche Nutzfläche legal auszudehnen), Integration in die Geldwirtschaft (zum Teil durch Steuerpflicht), Umwandlung des Kollektiveigentums am Boden in Privateigentum (Boden kann verkauft, verpachtet, verpfändet werden), Auflösung der Verpflichtung der Gemeinschaft, das Überleben aller Mitglieder der Gemeinschaft zu sichern, Entstehung von individueller Land- und Arbeitslosigkeit, die es in den vorkolonialen Gesellschaften nicht gegeben hatte. D.h. der Kolonialismus schuf die Voraussetzungen für die freie Lohnarbeit, ähnlich wie in Europa Hundert Jahre vorher die Abschaffung der Leibeigenschaft und der Gewerbezünfte. Die Produktionstechnologien in Landwirtschaft und Handwerk, und damit Arbeitsproduktivität und Wohlstand, blieben jedoch weitgehend unverändert.

Während in den Industrieländern der Liberalismus die Befreiung der Privatwirtschaft von staatlicher Bevormundung zum Ziel hatte, bestand in den Kolonien eine Interessenidentität zwischen Kolonialstaat und aus dem Mutterland stammenden Privatunternehmen: Ausbeutung der vorhandenen Rohstoffe zur Bereicherung des Mutterlandes. Der Staat ist in der Hauptstadt und den kleinen wirtschaftlich relevanten Regionen präsent, soweit es die Exportproduktion erfordert. In den großen wirtschaftlich uninteressanten Räumen ist der Staat dagegen weitgehend abwesend. Es entsteht ein Dualismus zwischen dem ‚formellen' Sektor, in dem staatliche Regelungen gelten und staatliche Infrastruktur vorhanden ist, und einem ‚informellen' Sektor. Vor diesem Hintergrund wirkt die Liberalismus-Debatte der Industrieländer in den Kolonien deplatziert – die Mehrheit der armen Bevölkerung lebt dort in einem staatsfernen Raum, von dem wirtschaftsliberale Dogmatiker nur träumen können. Der Grund ist jedoch, dass die Kolonialverwaltung an dem Teil der Bevölkerung einfach kein Interesse hat. In dem weltmarktintegrierten Teil der Kolonien weiß die Privatwirtschaft dagegen die Leistungen des Staates durchaus zu schätzen (Beschlagnahmung und Übereignung von Land für Bergbau und Landwirtschaft, Bereitstellung der Infrastruktur, öffentliche Sicherheit, Niederschlagung von Aufständen).

9.3   Wirtschaftliche Entwicklung

Die wirtschaftliche Entwicklung der Dritten Welt in der Epoche des klassischen Liberalismus ist geprägt durch den Dualismus von Wohlstandsinseln, die auf Produktion und Export von Rohstoffen beruhen, und einem stagnierenden traditionellen Sektor, der wirtschaftlich nur wenig mit dem Exportsektor verflochten ist (Arbeitsmigration). Die Gewinne aus der Rohstoffproduktion werden von der kleinen europäischen und später auch einheimischen Oberschicht konsumiert oder fließen in die jeweiligen Mutterländer (Unternehmensgewinne, Staatseinnahmen).[59]

Der **Welthandel** nimmt zu, aber nach wie vor stammen in den meisten Industrieländern der weitaus größte Teil der konsumierten Güter aus nationaler Produktion. Der Welthandel ist außerdem geprägt von dem Austausch von Rohstoffen gegen Industriegütern zwischen Erster und Dritter Welt – vorwiegend innerhalb der Kolonialreiche.

Auslandsinvestitionen im Süden beschränken sich auf den Rohstoffsektor.

Auf den **internationalen Finanzmärkten** dominieren die Bankkredite und Anleihen. Ein großer Teil der Finanztransaktionen findet ebenfalls innerhalb der Kolonialreiche statt und ist mit Rohstoffproduktion und -handel verbunden.

Migration findet vorwiegend innerhalb der Industrieländer statt: von Europa nach Amerika und Australien. Ein kleiner Migrationsstrom wird gebildet von europäischen Kolonialbeamten, Siedlern, Händlern, Plantagenverwaltern, Missionaren, die die Oberschicht der Kolonien bilden. Die unfreiwillige ‚Migration' afrikanischer Sklaven nach Amerika fand mit der Sklavenbefreiung in der ersten Hälfte des 19. Jahrhunderts ein Ende. Stattdessen gibt es eine geringe Arbeitsmigration innerhalb der Kolonialreiche – z.B. indische Kontraktarbeiter nach Ost-, Südafrika, Malaya, Sri Lanka, Karibik sowie libanesische Händler nach Westafrika.

10 Epoche der keynesianischen Wirtschaftspolitik (1930er bis 1970er Jahre)

10.1 Theoretische Grundlagen

Die keynesianischen Wirtschaftswissenschaften (s. Kap. 2.1) befassten sich wenig mit den spezifischen Problemen der ‚Entwicklungsländer'. Die vorherrschende Ansicht war, dass die Armut der Entwicklungsländer auf Mangel an Kapital und Know-how beruht. Folglich ist die Armut durch Kapitaltransfer (Bankkredite, private Direktinvestitionen, öffentliche Entwicklungshilfe) und Know-how-Transfer (Ausbildung, Beratung) zu überwinden. Entwicklung wurde mit Wachstum des BSP gleichgesetzt.

10.2 Umsetzung in der Dritten Welt

In allen marktwirtschaftlichen Industrieländern findet nach der Weltwirtschaftskrise eine Wende zu einem sozial orientierten Staatsinterventionismus statt. Der Wiederaufbau nach dem zweiten Weltkrieg findet überall auf der Basis einer keynesianischen Wirtschaftspolitik statt.

In den Ländern der Dritten Welt findet parallel dazu folgende Entwicklung statt:

- Dekolonisierung: zwischen 1945 und 1970 werden fast alle Kolonialstaaten völkerrechtlich unabhängig, wobei die europäische Elite durch eine einheimische, europäisch gebildete Elite ersetzt wird, die dieselbe ökonomische Basis – den modernen weltmarktintegrierten, exportorientierten Sektor – besitzt.
- Die neuen Regierungen stehen dem keynesianischen Staatsinterventionismus grundsätzliche positiv gegenüber, wobei jedoch eine etwas andere Auswahl aus dem Instrumentarium vorgenommen wird: für einen Sozialstaat in europäischen

Dimensionen fehlt das Geld und das Interesse. Es wird lediglich versucht, durch Preiskontrollen für Grundnahrungsmittel oder andere Güter des täglichen Bedarfs die Armut zu reduzieren. Insgesamt wird jedoch die Vernachlässigung der Armutsbevölkerung und Armutsregionen fortgesetzt. Da sämtliche Staats- und Deviseneinnahmen sowie die privaten Einkommen der wohlhabenden Mittel- und Oberschicht aus dem modernen, exportorientierten Sektor stammen, werden die begrenzten Mittel des Staates auf die ‚Entwicklung' dieses Sektors konzentriert.

- Die Entwicklung des modernen Sektors erfolgt durch Förderung der Exportwirtschaft sowie der importsubstituierenden Industrialisierung: durch Importrestriktionen soll erreicht werden, dass die für die wohlhabende Mittel- und Oberschicht importierten Luxuskonsumgüter, später auch deren Vorprodukte, im Land selbst hergestellt werden.

Folgende Maßnahmen aus dem Instrumentarium der Wirtschaftspolitik der Industrieländer kommen auch in den Ländern der Dritten Welt zum Einsatz – allerdings meist nur im modernen, formellen Sektor:

- **Regulierung des Arbeitsmarktes:** Kündigungsschutz, Tarifverträge, Gewerkschaftsrechte, Streikrecht, Arbeitszeitgesetze, Verkürzung der Wochenarbeitszeit, Urlaubsanspruch

- **Aufbau von sozialen Sicherungssystemen:** Kranken-, Rentenversicherung

- **Erhöhung von Staatsausgaben:** staatliche Subventionen (Nahrungsmittel, Elektrizität, Benzin, Düngemittel, Verkehrswesen etc.), von Bildungs- und Sozialausgaben, Gründung von Staatsbetrieben in Schlüsselbranchen (Stahl, Zement, Bergbau, Banken)

- **Erhöhung von Staatseinnahmen:** die Hauptquellen sind – anders als in den Industrieländern – Einfuhrzölle,

Rohstoffabgaben („Royalties'), Gewinne von Staatsbetrieben (meist im Rohstoffsektor), Gewinne von halbstaatlichen Vermarktungsbehörden („Marketing Boards'), die Exportkulturen von Kleinbauern auf dem Weltmarkt absetzen, Umsatzsteuern im formellen Sektor. Die Bedeutung von direkten Steuern (Einkommen, Gewinne) ist meist relativ gering.

- **Bereitstellung von öffentlichen Dienstleistungen:** Bildung, Gesundheit, Wasser, Energie, Öffentlicher Nahverkehr, Bahn, Straßenbau, Häfen, Flughäfen, Post, Telekom, Müllabfuhr, Sicherheitsdienste, etc.

- **Staatlichen Regulierungen:** Finanzwesen, Luftfahrt, Rundfunk/TV, Telekom, Energiewirtschaft, Arbeitsschutz, Verbraucherschutz, Gesundheit, Sicherheit

- **Preiskontrollen, Preisstabilisierung:** Grundnahrungsmittel, Rohstoffe, Energie, Wasser, Zinsen

- **Regulierung der Finanzmärkte:** Devisen-, Kapitalverkehrskontrollen, feste Wechselkurse, eingeschränkte Konvertibilität der nationalen Währung, Investitionsbeschränkungen für ausländisches Kapital (Mindestbeteiligung einheimischer Partner, local content Vorschriften)

- **Regulierung der Waren- und Dienstleistungsmärkte:** Zölle und anderen Importrestriktionen

- **Konjunkturpolitik:** Rezessionen werden durch kreditfinanzierte Konjunkturprogramme (deficit spending) bekämpft

Nach dem Krieg wurden zahlreiche internationale Institutionen geschaffen, die eine Regulierung und Steuerung der Ökonomie auf internationaler Ebene zum Ziel hatten:
Der 1944 gegründete IWF hatte die Aufgabe, die Einhaltung der in dem Abkommen von Bretton Woods definierten festen Wechselkurse sicherzustellen.

Einige Unterorganisationen der 1945 gegründeten UNO befassten sich mit ökonomischen Fragen: die ILO definiert Normen für den Arbeitsmarkt, die UNCTAD entwickelte Reformvorschläge für den Welthandel. Schwerpunkt waren Rohstoffabkommen, die nach dem Vorbild der EWG die Rohstoffpreise durch Stützungskäufe stabilisieren und erhöhen sollten. Realisiert wurden allerdings nur wenige (Kaffee, Kakao, Kautschuk, Zinn). Erfolgreicher in dieser Hinsicht war das Anbieterkartell der erdölproduzierenden Länder OPEC in den 70er Jahren.

10.3   Wirtschaftliche Entwicklung

In den 50er bis 70er Jahren erzielten die meisten Länder der Dritten Welt hohe Wachstumsraten. Die wachsenden Hochhauswälder Rio de Janeiros wurden mit Bewunderung zur Kenntnis genommen, ähnlich wie heute die von Singapur und Shanghai.

Das Wachstum war allerdings aus zwei Gründen problematisch: der Dualismus zwischen dem wohlhabenden, modernen, weltmarktintegrierten Sektor und dem armen traditionellen informellen Sektor blieb bestehen. Im Grunde blähte die importsubstituierende Industrialisierung den (weiterhin primär exportorientierten) modernen Sektor nur etwas auf. Eine Entwicklungsdynamik, die die arme Bevölkerung erreicht, entstand dadurch nicht. Die Favelas wuchsen in Rio genauso schnell wie die Hochhäuser.

Zum anderen wurden der Ausbau der Infrastruktur zum Teil durch Auslandskredite finanziert, die nach den Ölpreissteigerungen 1973 und 1978 leicht zu erhalten waren (die Banken schwammen durch die Petrodollars in Geld). Als durch die Ölkrise 1979 die Exporterlöse für Rohstoffe einbrachen und 1981 nach der neoliberalen Wende die Zinsen in die Höhe schossen (bis zu 17%), war die Schuldenkrise der Dritten Welt da.

Der **Welthandel** ist weiterhin durch den Austausch von Rohstoffen gegen Industriegüter zwischen Erster und Dritter Welt geprägt.

Auslandsinvestitionen multinationaler Konzerne dienen der Erschließung von Rohstoffen und von Absatzmärkten, die aufgrund der Importbeschränkungen sonst nicht zugänglich wären.

Auf den **internationalen Finanzmärkten** dominieren die Bankkredite, wobei sich meist öffentliche Kreditnehmer der Dritten Welt bei öffentlichen und privaten Banken der Ersten Welt verschulden.

Migration erfolgt durch Anwerbung von ‚Gastarbeitern' in Ländern am Rande Europas oder Nordamerikas (Türkei, Jugoslawien, Griechenland, Spanien, Nordafrika, Mexiko, Puerto Rico). Ehemalige Kolonialmächte wie Großbritannien und Frankreich beziehen ihre ‚Gastarbeiter' zum Teil aus ihren ehemaligen Kolonien.

11 Neoliberalismus (ab Ende der 1970er Jahre)

11.1 Theoretische Grundlagen

Die Theoretiker des Neoliberalismus (s. Kap. 3.1) unterscheiden nicht zwischen Industrie- und Entwicklungsländern – ihre Axiome sind immer und überall gültig. Die Armut in der Dritten Welt wird erklärt durch die Behinderung der Entfaltung des Privatkapitals durch staatliche Bürokratie.

11.2 Umsetzung in der Dritten Welt

Der IWF wandelt sich zu Beginn der 1980er Jahre von einer Institution zur *Regulierung* der Finanzmärkte zu einer Institution zur *Deregulierung* der Weltwirtschaft: Kredite für den Ausgleich von Zahlungsbilanzdefiziten werden nur bei Durchführung von Strukturanpassungsprogrammen (SAP) gewährt, die das komplette neoliberale Instrumentarium (s. u.) umfassen. Alle Staaten der Dritten Welt werden in regelmäßigen IWF-Reviews geprüft, inwieweit die Programme umgesetzt werden. An den Prüfungen orientieren sich auch die Weltbank, die langfristige Kredite an Staaten zur Finanzierung von Infrastrukturprojekten vergibt, sowie andere Entwicklungs- und Geschäftsbanken.

Der IWF nutzte insbesondere die Schuldenkrise der Dritten Welt Anfang der 1980er Jahre, um fast alle Länder der Dritten Welt Strukturanpassungsprogrammen zu unterwerfen. Ziele waren
- den weiteren Schuldendienst an die Banken der Industrieländer sicherzustellen
- die importsubstituierende Industrialisierung durch eine exportorientierte Entwicklungsstrategie zu ersetzen (auch um so Devisen für den Schuldendienst zu erwirtschaften)
- das neoliberale Entwicklungsmodell allgemein weltweit durchzusetzen

Die neoliberalen Strukturreformen gingen insofern über die der Industrieländer hinaus, als sie als sie auch einen Strategiewechsel der Industriepolitik umfassten – die importsubstituierende Industrialisierung sollte durch eine exportorientierte Industrialisierung ersetzt werden: durch niedrige Löhne, niedrige soziale, ökologische Standards, niedrige Steuern sollten multinationale Konzerne angeregt werden, die Produktion arbeitsintensiver Industriegüter aus den Industrieländern auszulagern. Das entstehende Wirtschaftswachstum sollte letztlich zur Überwindung der Armut führen.

Die Strukturanpassungsprogramme umfassten folgende Maßnahmen:

- **Deregulierung des Arbeitsmarktes**: Abbau des Kündigungsschutzes, der Gewerkschaftsrechte, Streikrecht, Arbeitszeitgesetze

- **Abbau der sozialen Sicherungssysteme**: Sozialversicherungen, Sozialleistungen

- **Abbau von Staatsausgaben**, speziell von staatlichen Subventionen (Nahrungsmittel, Energie, Landwirtschaft, Verkehr etc.), sowie von Bildungs- und Sozialausgaben, Entlassung von Staatsangestellten, Gehaltskürzungen

- **Senkung der Unternehmens-, Vermögens-, Einkommenssteuern:** nominale Steuersätze, Verringerung der Bemessungsgrundlage, Duldung von Steuerflucht

- **Privatisierung von öffentlichen Dienstleistungen und Betrieben:** Bildung, Gesundheit, Wasser, Energie, Öffentlicher Nahverkehr, Bahn, Straßenbau, Häfen, Flughäfen, Post, Telekom, Banken, Sicherheitsdienste, staatliche Industriebetriebe und Marketing Boards

- **Abbau von staatlichen Regulierungen:** Finanzwesen, Luftfahrt, Rundfunk/TV, Telekom, Energiewirtschaft.

Begrenzung von notwendigen Regulierungen in den Bereichen Umweltschutz, Arbeitsschutz, Verbraucherschutz, Gesundheit, Sicherheit

-   **Abschaffung von Preiskontrollen, Preisstabilisierung**: Grundnahrungsmittel, Rohstoffe, Energie, Wasser, Zinsen

-   **Restriktive Geldpolitik**: unabhängige Zentralbanken sor-
    gen durch Hochzinspolitik und Begrenzung der Geldmenge
    für Preisstabilität, Verbot der Staatsfinanzierung

-   **Deregulierung der internationalen Finanzmärkte**: frei
    konvertible Währung, Abbau von Devisen-, Kapitalver-
    kehrskontrollen, flexible Wechselkurse, Beseitigung von In-
    vestitionsbeschränkungen für ausländisches Kapital

-   **Deregulierung der internationalen Waren- und Dienst-
    leistungsmärkte**: Abbau von Zöllen und anderen Im-
    portrestriktionen, regionale Freihandelsabkommen, EU-As-
    soziierungsabkommen, Beendigung aller Rohstoffabkom-
    men

Zusätzlich zu den allgemeinen Gesetzesänderungen wurden
‚Freie Produktionszonen' oder ‚Sonderwirtschaftszonen' (SEZ)
eingerichtet, in denen die bereits niedrigen Standards noch einmal unterboten wurden, um ausländische Investoren anzulocken. Der Wettbewerb um diese Investoren zwingt alle Länder
zur weiteren Absenkung der Standards, bzw. dazu, die Nichteinhaltung von Standards zu ignorieren, um die Investoren nicht zu
verlieren.

11.3 Wirtschaftliche Entwicklung

Die Strukturanpassungsprogramme führten zunächst zu Dein-
dustrialisierung und Wachstumseinbußen (Lateinamerika 80er
Jahre: „Verlorenes Jahrzehnt"), zu zunehmender Armut[60] und
Einkommensungleichheit. In zahlreichen Ländern fanden ‚Bro-
tunruhen' statt, nachdem die Subventionen für

Grundnahrungsmittel abgeschafft wurden. Die Zunahme der Armut war so offensichtlich, dass die SAPs in vielen armen Ländern durch PRPs (Poverty Reduction Programs) ersetzt wurden, die die neoliberale Deregulierung mit einigen Projekten zur Armutsreduzierung verbinden sollten.

Seit den 90er und 2000er Jahren ziehen die Wachstumsraten in der Dritten Welt jedoch wieder an und liegen heute weit über denen der Industrieländer (s. Kap. 3.3.1). Fast alle Länder Asiens haben sich in dem Zeitraum von Rohstoffexporteuren zu Exporteuren von Industriegütern gewandelt. Die Rohstoffexporteure Afrikas und Lateinamerikas konnten von steigenden Rohstoffpreisen und -mengen profitieren.

Trotzdem hat sich die Zahl der Armen in der Dritten Welt seit Beginn der 80er Jahre nur wenig verringert[61] (Ausnahme China). Ursachen:

- die Exportsektoren (Bergbau, exportorientierte Landwirtschaft, Freie Produktionszonen, Touristenzentren, Software-Entwicklung, Call-Center) bleiben aufgrund ihrer geringen Verflechtung mit der restlichen Ökonomie Enklaven, die wenig Impulse für die Wirtschaftssektoren geben, in denen die Masse der Armutsbevölkerung beschäftigt ist (Landwirtschaft, informeller Sektor).
- der internationale Standortwettbewerb zwingt zu Minimierung der Löhne, Sozialabgaben und Steuern, um Investoren anzulocken oder zu halten, multinationale Konzerne verschieben ihre Gewinne in Steueroasen, um selbst die niedrigen Steuern zu vermeiden
- viele Jahrzehnte litten die Rohstoffexporteure unter sich verschlechternden terms of trade: für exportierte Rohstoffe konnten immer weniger Fertigwaren importiert werden. Die Hausse der Rohstoffpreise 2004 bis 2014 stoppte diese Entwicklung vorübergehend.
- die Exporterlöse werden ungleich aufgeteilt: angesichts der schwachen Macht-/ Verhandlungsposition der Armen (Arbeitnehmer, Bauern) verbleibt der größte Teil bei den ländlichen und städtischen Mittel- und Oberschichten,

Landeigentümern, Zwischenhändlern, Behörden, sowie (ausländischen) Konzernen
- ein selbsttragendes Wachstum, das alle Bevölkerungsgruppen erfasst, entsteht bei einer exportorientierten Wirtschaftsstruktur nicht: die Exporterlöse werden zum größten Teil für importierte Investitionsgüter, Vorprodukte und (Energie-) Rohstoffe, sowie Luxuskonsumgüter für die Oberschicht verwendet. Nur ein kleiner Teil der Exporterlöse schafft Nachfrage für Güter und Dienstleistungen der inländischen Sektoren.
- viele arme Regionen der Welt haben keine Rohstoffe, international wettbewerbsfähige Investitionsstandorte, touristische Attraktionen oder andere ‚komparative Kostenvorteile' zu bieten. Dort bewirkt die Exportstrategie grundsätzlich nichts. Die Bevölkerung dieser Regionen wird zu ewiger Armut oder Auswanderung verurteilt.

Ergebnis: es entsteht ein Wachstumsmuster in der Dritten Welt, bei dem einige Exportsektoren und die Metropolen wachsen, während nur geringe Impulse (Trickle Down – Effekt) für die armen Sektoren entstehen (Wachstum ohne Entwicklung), d.h. die Armut nur wird nur wenig verringert (z.B. durch Rücküberweisung von Arbeitsmigranten). Die Gegensätze zwischen Arm und Reich nehmen zu.[62]

In einigen bevölkerungsreichen Ländern der Dritten Welt gibt es eine Variante dieses Wachstumsmusters: die von der Exportproduktion profitierenden Mittel- und Oberschichten sind zahlenmäßig so groß (obwohl prozentual gesehen eine kleine Minderheit), dass ein großer und wachsender Konsumgütermarkt entsteht. Verbunden mit Importbeschränkungen (die entgegen der Freihandelsideologie und den WTO-Regeln von vielen großen Ländern wie Indien, China, Brasilien, Russland noch aufrechterhalten werden) entstehen Investitionsmöglichkeiten im Bereich der binnenmarktorientierten Konsumgüterherstellung (z.B. Autos, Haushaltsgeräte, Immobilien), die das Wachstum der Exportsektoren ergänzen – hauptsächlich in den BRIC-Staaten Indien, China, Brasilien, Russland, aber auch andere bevölkerungsreiche Länder wie Indonesien, Thailand, Nigeria, Türkei versuchen, diese Entwicklung zu kopieren. Die Armut bleibt auch hier neben den dynamischen Sektoren weiter bestehen. Außerdem erfolgt der Konsumrausch der Mittel- und Oberschichten zum Teil auf Kredit, so dass das Wachstum als nicht sehr nachhaltig einzuschätzen ist.

Der **Welthandel** ändert sich gegenüber der Phase der Importsubstitution: die armen Länder liefern neben Rohstoffen nun preiswerte Massenkonsumgüter (Textil, Elektro), Grundstoffe (Stahl, Chemie) und Dienstleistungen (Softwareentwicklung, Call-Center-Dienstleistungen) an die reichen Länder, diese liefern umgekehrt Investitionsgüter, Vorprodukte sowie Luxuskonsumgüter für die wachsende Oberschicht der Dritten Welt. Die Handelsströme zwischen den armen Ländern nehmen zu: es entsteht Nachfrage nach Rohstoffen, industriellen Vorprodukten und Endprodukten.

Auslandsinvestitionen multinationaler Konzerne dienen der Erschließung von Lohnkostenvorteilen für die Produktion für den Weltmarkt. Der gesamte Produktionsprozess wird globalisiert in Abhängigkeit von den jeweils günstigsten Investitionsbedingungen, teilweise ausgelagert an Subunternehmen, um die Flexibilität zu erhöhen. Es kommt zu einer Neustrukturierung der multinationalen Konzerne (Fusionswettlauf zur Schaffung von „Global Player", die im weltweiten Wettbewerb bestehen können). Die Hälfte des Welthandels findet innerhalb von multinationalen Konzernen statt. Alle Länder der Welt werden in einen Standortwettbewerb zur Anwerbung von Investoren gezwungen.

Auf den **internationalen Finanzmärkten** werden die klassischen Bankkredite verdrängt von Portfolio-Investitionen, d.h. kurzfristiges Anlagekapital fließt in grenzüberschreitend dorthin, wo höhere Erträge erwartet werden. Neben Aktien und Anleihen gewinnen neue Anlageformen (Derivate, Terminprodukte, Devisen, Rohstoffe, Immobilien, Agrarland) an Bedeutung. ‚Emerging Markets' entstehen als neue Anlageklasse. Es entstehen neben den Banken neue Akteure auf den Finanzmärkten: Investmentfonds, Rentenfonds, Immobilienfonds, hochspekulative Hedge-Fonds, die sich oft in Offshore-Zentren der Bankenaufsicht und Besteuerung entziehen, sowie Private Equity Funds, die ganze Unternehmen zum Spekulationsobjekt machen. Grenzüberschreitende Bankeinlagen mit dem Ziel, Besteuerung und Inflation zu entgehen (Kapitalflucht), nehmen zu.

Die **Migrations**ströme erfassen die gesamte Welt, wobei legale und illegale Immigranten aus armen Ländern in den reichen Ländern (Europa, Nordamerika, Naher Osten) zu Niedriglöhnen in den Sektoren arbeiten, die sich nicht in Niedriglohnländer auslagern lassen (Landwirtschaft, Bau, Gastronomie, Haushalt, Prostitution, Handel). Die Überweisungen der Migranten stellen für viele Herkunftsländer der Migranten die wichtigste Deviseneinnahmequelle dar.

Ergebnis: seit Anfang der 80er Jahre hat die Verflechtung der internationalen Waren- und Finanzmärkte, sowie die Größe und Bedeutung der multinationalen Konzerne erheblich zugenommen[63]:

-   Während sich die weltweite Warenproduktion zwischen 1980 und 2015 verdoppelt hat (Faktor 2,5), hat sich der **Welthandel** fast verfünffacht (Faktor 4,8).

-   Der Bestand aller privaten **ausländischen Direktinvestitionen** hat sich weltweit zwischen 1980 und 2015 von 1,1 Billion auf 22,2 Billionen Dollar erhöht. Der Umfang der jährlich neu vorgenommenen privaten ausländischen Direktinvestitionen hat sich zwischen 1980 und 2015 von 93 auf 1400 Milliarden Dollar vervierzehnfacht. Entsprechend hat die Größe und Bedeutung der multinationalen Konzerne zugenommen.

-   Die **Finanzströme** durch Vergabe von Bankkrediten und durch Kauf von ausländischen Anleihen und Aktien sind in den letzten 30 Jahren sprunghaft gestiegen, allerdings mit enormen jährlichen Schwankungen. Die täglichen Devisentransaktionen haben sich weltweit von 120 Mrd. US$ 1980 auf 3200 Mrd. 2007, also um den Faktor 26 erhöht.

- **Migration**: aus allen armen Ländern und Regionen Lateinamerikas, Afrikas, Asiens und Osteuropa wandern Arbeitssuchende in reichere Länder. In vielen Ländern wird die Zahl der Immigranten auf mehrere Millionen geschätzt (USA, Großbritannien, Spanien, Frankreich, Italien, OPEC-Staaten am Persischen Golf), wobei ganze Branchen (Obst/Gemüseanbau in Südeuropa und Kalifornien, Pflegedienste, Bauwirtschaft) ohne Migranten nicht mehr funktionieren könnten. Neue Zielländer der Migration kommen hinzu: Malaysia, Thailand, Singapur, Hong Kong, Taiwan, Russland, Costa Rica, Südafrika, Angola.

Kurz: die Globalisierung (zunehmende Verflechtung der Ökonomien der Welt), die seit mehreren Jahrhunderten langsam voranschreitet, hat seit den achtziger Jahren eine bestimmte Form angenommen – die Form der „neoliberalen Globalisierung", in der der Staat sich aus der Steuerung der Weltwirtschaft zunehmend zurückzieht, um sie der Privatwirtschaft und den Gesetzen des Marktes zu überlassen, was zu einer enormen Dynamisierung des Globalisierungsprozesses geführt hat.

12 Zukunft 1: Fortsetzung der neoliberalen Wirtschaftspolitik

12.1 Maßnahmen

Nach 30 Jahren neoliberaler Wirtschaftspolitik ist eine völlige Liberalisierung von Handel, Dienstleistungen, Kapitalverkehr, Investitionen, Arbeitsmärkten, etc. im Globalen Süden noch nicht erreicht. Internationale Institutionen wie IWF, WTO, OECD, EU haben noch viele Liberalisierungsmaßnahmen auf ihrer Agenda.

Praktisch alle Länder der Dritten Welt werden weiterhin regelmäßig ‚IWF-Reviews'[64] unterzogen, die die Umsetzung detailliert formulierter Liberalisierungsmaßnahmen überprüfen. Die Reviews setzen den Rahmen für die nationale Wirtschaftspolitik. Private und öffentliche Kreditgeber, Investoren, Rating-Agenturen orientieren sich an den Evaluierungen. Kredite zum Ausgleich von Zahlungsbilanzungleichgewichten werden vom IWF nur ausgezahlt, wenn die geforderten Liberalisierungsmaßnahmen umgesetzt wurden.

Die Zahl der bilateralen oder regionalen Freihandels- und Investitionsschutzabkommen wächst weiter. Der Abschluss bilateraler Abkommen erzeugt automatisch Druck auf die Länder, die noch keine Abkommen abgeschlossen haben, dies ebenfalls zu tun, weil sie sonst Wettbewerbsnachteile erleiden (konkurrierende Exporteure aus Ländern mit Freihandelsabkommen können ihre Güter innerhalb des Freihandelsraums billiger anbieten).

Der Standortwettbewerb zur Ansiedlung internationaler Investoren erzwingt weiterhin eine wirtschaftsliberale, unternehmerfreundliche Wirtschaftspolitik.

12.2 Ergebnis: Wachstum ohne Entwicklung

Die neoliberale, exportorientierte Wirtschaftspolitik in der Dritten Welt wird, wie in der Vergangenheit (s. Kap 9.3), dazu führen, dass die Wohlstandsinseln um die modernen, exportorientierten Sektoren weiterwachsen, während der Rest der Bevölkerung in Armut verbleibt.

Aber auch die Wachstumsaussichten dieser Wohlstandsinseln sind begrenzt:

- ein selbst tragendes Wachstum, das alle Bevölkerungsgruppen erfasst, entsteht bei einer exportorientierten Wirtschaftsstruktur nicht: die Exporterlöse werden zum größten Teil für importierte Investitions-, Konsumgüter, Vorprodukte und (Energie-) Rohstoffe verwendet. Nur ein kleiner Teil schafft Nachfrage für Güter und Dienstleistungen der inländischen Sektoren. Daraus folgt, dass Wachstum nur dann stattfindet, wenn die Exportproduktion weiter ausgedehnt wird, d.h. immer weitere Rohstoffvorkommen gefunden werden, mehr Anbauflächen für Exportkulturen verwendet werden, mehr Investoren in den Free Trade Zones angesiedelt werden, mehr Touristen ins Land kommen, mehr Call Center eröffnet werden – ansonsten kommt das Wachstum zu einem Stillstand

- da das Wachstum der Industrieländer aus demografischen und technologischen Gründen rückläufig ist (s. Kap. 5.3.1), geht entsprechend das Wachstum der Nachfrage nach Importen aus dem Süden zurück (Rohstoffe + Industriegüter)

- die bestehende Nachfrage nach Industriegütern wird bereits von einem kleineren Teil der Länder der Dritten Welt gedeckt. Es fehlt die wachsende Importnachfrage, um **allen** Ländern der Dritten Welt die Exporterfolge zu ermöglichen, die einige ostasiatische Länder, die allgemein als Vorbild dienen, erzielt haben, d.h. die Erfolge dieser Länder sind nicht wiederholbar. (Allerdings: in anderen Entwicklungs- und Schwellenländern könnten neue Märkte entstehen, neue

Sektoren könnten aus Hochlohnländern ausgelagert werden
- z. B. Software-Entwicklung, Automobilindustrie)

- die Exporterlöse können schnell einbrechen: Protektionismus der Importländer (Mexiko nach dem Wahlsieg von
  Trump, Anti-Dumpingmaßnahmen), Abwanderung der Produzenten zu billigeren Standorten (Textilindustrie von
  China und Türkei nach Kambodscha, Bangla Desh, Äthio-
  pien), Schwankungen der Rohstoffpreise, Erschöpfung der
  Lagerstätten, Naturkatastrophen

Das Wachstum der bevölkerungsstarken Länder (China, Indien,
Südostasien, etc.) war zum Teil darauf zurückzuführen, dass sie
neben der exportorientierten Industrialisierung Importrestriktionen für die binnenmarktorientierte Industrialisierung (entgegen
den Grundsätzen der Freihandelsideologie) aufrechterhielten.
Würden diese Restriktionen wie gefordert beseitigt, würde der
binnenmarktorientierte Teil des modernen Sektors schrumpfen
und viele Arbeitsplätze verloren gehen. - Viele Länder des Südens schützen ihren Agrarsektor durch Importrestriktionen.
Würde hier der geforderte Freihandel durchgesetzt, würde die
einheimische Agrarproduktion durch die (subventionierten)
Überschüsse von EU, USA, Kanada, Australien verdrängt und
es würden viele Arbeitsplätze verloren gehen.

Das Wachstum des modernen, exportorientierten Sektors reicht
nicht aus, um Beschäftigungsmöglichkeiten für die schnell
wachsende Bevölkerung zu schaffen. Geburtenraten gehen erst
bei sicherem Wohlstand zurück, wenn Kinder nicht mehr als zusätzliche Arbeitskraft und lebende Sozialversicherung (für Al-
ter, Krankheit, Arbeitslosigkeit), sondern als Kostenfaktor wahrgenommen werden. D.h. Armut und soziale Unsicherheit verstärken das Bevölkerungswachstum, dies wiederum die Armut
(Teufelskreis bzw. ‚negativer Rückkopplungseffekt‘).

Kurz: die neoliberale, exportorientierte Wirtschaftspolitik führt
zu ‚Wachstum ohne Entwicklung‘ (‚Entwicklung‘ definiert als
Verringerung von Armut, sozialer Ungleichheit, Ressourcenverschwendung etc. vgl. die Definitionsversuche der UN:

Millenium Development Goals 2000, Sustainable Development Goals 2015). Eine Entwicklungsstrategie, die auf Auslagerung eines Teils der Produktion der Industrieländer setzt statt den Binnenmarkt zu entwickeln, hat keine Aussicht, die Armut zu überwinden.

Das Wachstum der Wohlstandsinseln verläuft zudem nicht konstant: der wachsende Reichtum der Reichen (u. U. verstärkt durch expansive Geldpolitik) erzeugt ein Überangebot an anlagesuchendem Kapital, dies wiederum auf Spekulations- und Kreditblasen beruhende kurzzeitige Boom-Phasen, gefolgt von Banken-, Schulden-, oder Währungskrisen, die wieder mit Austeritätspolitik und expansiver Geldpolitik überwunden werden sollen.

Folgen des Klimawandels (Naturkatastrophen) und schwankende Rohstoffpreise durch Verknappung und Spekulation destabilisieren die Weltwirtschaft weiter.

Die wirtschaftliche Instabilität kann zu politischer Instabilität führen (Regierungskrisen, wachsender Nationalismus und Rassismus, Unruhen, Repression, Bürgerkriege), diese wiederum zu Verstärkung der wirtschaftlichen Instabilität (Spirale abwärts bzw. ‚negativer Rückkopplungseffekt'). Politische und wirtschaftliche Instabilität sind wiederum Ursache von Flucht und Migration.

13 Zukunft 2: Nationalistischer Staatsinterventionismus

13.1 Maßnahmen

Im Kapitel 5.1 wurden die wirtschaftspolitischen Positionen der nationalistischen Parteien und Bewegungen der Industrieländer skizziert. Auch wenn diese noch vage sind und es offen ist, ob und wie sie jemals umgesetzt werden, sollen hier versuchsweise die Konsequenzen dieser Politik für die Dritte Welt zu Ende gedacht werden.

Die für die Dritte Welt relevanten Komponenten sind

- Schließung der Grenzen für die Immigration, Vertreibung von Migranten und ethnischen/religiösen Minderheiten, Herstellung eines ethnisch homogenen Nationalstaats

- Protektionismus, Schließung der Grenzen für Waren und Kapital aus dem Ausland, Ziel: Rückverlagerung der Industrie in die Industrieländer

- Austritt aus internationalen Institutionen (EU, UN-Organisationen), Beendigung der internationalen Solidarität, mehr nationaler Egoismus in der Außen- und Wirtschaftspolitik

13.2 Ergebnis: Negativwachstum

Im vorhergehenden Kapitel wurde vorausgesagt, dass die neoliberale, exportorientierte Wirtschaftspolitik in der Dritten Welt dazu führen wird, dass die Wohlstandsinseln um die modernen, exportorientierten Sektoren weiter wachsen werden, während der Rest der Bevölkerung in Armut verbleibt. Eine nationalistische Wirtschaftspolitik der Industrieländer wird bewirken, dass *noch nicht einmal* die Exportsektoren wachsen werden. Sie werden vielmehr schrumpfen: Exporte von Industriegütern in die

Industrieländer gehen durch deren Importbeschränkungen zurück. Millionen von Arbeitsplätze in der Dritten Welt sind bedroht. Investitionen aus den Industrieländern fallen weg, da Produktionsauslagerungen keinen Sinn mehr machen.

Die Nachfrage nach Rohstoffen geht bei Negativwachstum der Industrieländer und durch Importbeschränkungen ebenfalls zurück.

Die Überweisungen der Migranten, die für viele Herkunftsländer eine Hauptdevisenquelle und Bestandteil der privaten Nachfrage und Investitionen darstellen, fallen weg. Die zurückkehrenden Migranten erhöhen die Arbeitslosigkeit.

Finanztransfers aus den reichen Ländern und internationalen Institutionen gehen zurück durch Beendigung der internationalen Solidarität.

Die exportorientierte Entwicklungsstrategie wird zur Falle – die rückläufigen Exporte und die steigende Arbeitslosigkeit wirken sich negativ auf den Rest der Ökonomie aus. Die einseitige Exportorientierung und das Versäumnis, ein selbsttragendes, binnenmarktorientiertes Wachstum in Gang zu setzen, rächen sich nun.

Nachdem jahrelang die exportorientierte Entwicklungsstrategie propagiert und praktiziert wurde, würde nun eine von den Industrieländern ausgehende Deglobalisierung für die Dritte Welt zu einer Katastrophe.

14 Zukunft 3: sozial-ökologische Wirtschaftspolitik

Die neoliberale Exportstrategie wird nie in der Lage sein, Arbeit für alle Arbeitslosen und Unterbeschäftigten der Dritten Welt zu schaffen und die Armut zu beseitigen. Die Armut lässt sich nur überwinden durch eine Veränderung des Wachstumsmusters.

14.1 Maßnahmen zur Veränderung des Wachstumsmusters

14.1.1 Binnenmarktorientiertes Wachstum

Es muss eine binnenmarktorientierte Entwicklungsdynamik in Gang gesetzt werden, bei der das Wachstum von den Sektoren ausgeht, in denen die Armutsbevölkerung lebt und arbeitet (kleinbäuerliche Landwirtschaft, Kleingewerbe), nicht von den Exportsektoren[65]. Das wachsende Einkommen der Armen erzeugt zusätzliche Nachfrage nach einfachen, lokal und arbeitsintensiv hergestellten Agrar-, Handwerks- und Industriegütern sowie Dienstleistungen, wodurch wiederum zusätzlich Einkommen und Arbeit in diesen arbeitsintensiven Sektoren entsteht. (Nicht zu verwechseln mit der importsubstituierenden Industrialisierung, bei der Luxuskonsumgüter der Mittel- und Oberschichten hinter Zollmauern aus importierten Vorprodukten hergestellt werden).

Binnenmarktorientierte Entwicklung (oder Deglobalisierung) heißt nicht Abkopplung vom Weltmarkt durch Stopp der Exportproduktion, sondern Verlagerung der Entwicklungsdynamik auf den Binnenmarkt bei Beibehaltung bestehender Exportsektoren. Maßnahmen:

- Umorientierung der öffentlichen Entwicklungsmaßnahmen - statt Ausbau der modernen exportorientierten Sektoren direkte Armutsbekämpfung: Ausbau der öffentlichen Infrastruktur der ländlichen und städtischen Armutsviertel (Bildung, Verkehr, Gesundheit, Energie, Wasser,

Kommunikation, soziale Dienste, Wohnungsbau), Förderung der kleinbäuerlichen Landwirtschaft, des Kleingewerbes, von Kooperativen (Ausbildung, Beratung, Mikrokredite), Förderung von Selbsthilfeorganisationen, integrierte ländliche Entwicklungsprogramme
- Finanzierung der Maßnahmen zur Armutsbekämpfung aus dem modernen, exportorientierten Sektor: Einkommens-/ Unternehmenssteuern (Bekämpfung der Steuerflucht), Rohstoffabgaben, Zölle, Gewinne von Staatsbetrieben und –beteiligungen, Verbrauchssteuern auf Luxuskonsumgüter, (ergänzt u.U. durch armutsorientierte Entwicklungshilfe)
- in den Exportsektoren sind durch Mindestlöhne, Sozialstandards, Streikrecht, Gewerkschaftsfreiheit höhere Einkommen und humane Arbeitsbedingungen durchzusetzen, um damit eine Umverteilung der Exporterlöse zugunsten der Armen zu erreichen
- durch kooperative Vermarktung, Preisgarantien, Transparenz sind die Verkaufserlöse von Kleinbauern zu erhöhen (Vorbild Fair Trade)

Durch diese Maßnahmen wird praktisch der fehlende Trickle-Down-Effekt von den Exportsektoren für die Armutsbevölkerung erzeugt. Die Exportsektoren werden zur finanziellen Basis der Entwicklung des Binnenmarkts. Je mehr sich der Binnenmarkt entwickelt, desto mehr verlieren die Exportsektoren relativ an Bedeutung. Nicht der Export an sich ist negativ zu bewerten, sondern die Beschränkung der Wirtschaftspolitik auf die Exportförderung. Nach Jahren der einseitigen Exportförderung ist nun eine einseitige Binnenmarktförderung erforderlich.

Der Staat muss notfalls den Binnenmarkt durch Importrestriktionen schützen. (Alle heutigen Industrieländer haben in der Vergangenheit zunächst ihren Binnenmarkt entwickelt, zum Teil mit starken Importbeschränkungen, bevor sie sich der Konkurrenz des Weltmarkts ausgesetzt haben. Die armen Länder müssen die Chance haben, denselben Weg zu gehen.) Das gilt insbesondere für den Bereich der Landwirtschaft (Food First). Die Landwirtschaft als Lebensgrundlage der Armutsbevölkerung muss vor (oft subventionierten) Billigimporten geschützt werden können. Bauern müssen ausreichendes Einkommen erzielen, auch um Investitionen in die Landwirtschaft vornehmen zu können.

14.1.2 Beschäftigungsintensives Wachstum

Das „binnenmarktorientierte Wachstum" ist gleichzeitig ein „beschäftigungsintensives Wachstum": die Steigerung der Produktion in arbeitsintensiven Sektoren (kleinbäuerliche Landwirtschaft, Kleingewerbe) führt zu einer proportionalen Zunahme an Arbeitsplätzen, während die Steigerung der Produktion in modernen Exportsektoren in der Regel zu einer geringen Zunahme an Arbeitsplätzen führt, teilweise mit Import von hoch qualifizierten Arbeitskräften aus dem Ausland.

Beschäftigungsintensives Wachstum in der Landwirtschaft heißt:
- Ausdehnung der landwirtschaftlichen Nutzfläche durch Ansiedlung von Kleinbetrieben (statt Verkauf von (un-) genutztem Land an ausländische Investoren – „Land Grabbing")
- Landreform: Aufteilung von Groß- in Kleinbetriebe
- Intensivierung der Landwirtschaft so, dass auf derselben Fläche mit mehr Arbeitskräften mehr produziert wird, d.h. Einsatz von angepassten Technologien, die primär die Flächenproduktivität, nicht die Arbeitsproduktivität steigern. (*mehr Infos*[66])

Die Zielsetzung erfordert eine Umorientierung der Agrarpolitik (Forschung, Beratung, Ausbildung, Lieferung von Inputs, Kredite, Vermarktung, etc.): Ziel ist nicht die Steigerung der vermarkteten Überschüsse für Export und Importsubstitution, sondern die Steigerung des monetären und nicht-monetären Einkommens der armen Landbevölkerung sowie die Schaffung von Arbeitsplätzen und eine nachhaltige Landnutzung. Daraus resultieren andere Technologien (z.B. Mischkulturen mit integrierter Viehhaltung statt Hochleistungssaatgut mit hohem Bedarf an chemischen Inputs und Mechanisierung = „Grüne Revolution").

Beschäftigungsintensives Wachstum des Kleingewerbes durch Formalisierung informeller Betriebe, Mikrokredite, Ausbildung, Entwicklung mittlerer Technologien[67], Förderung von Kooperativen, Importbeschränkungen.

Solange es Arbeitslosigkeit, Unterbeschäftigung und eine schnell wachsende Bevölkerung gibt, geht es darum, die Produktion sowohl durch Mehreinsatz an Arbeitskräften wie langsame Steigerung der Arbeitsproduktivität zu erhöhen. Da aus den Industrieländern importierten Technologien dazu meist ungeeignet sind, müssen „angepasste Technologien" entwickelt und eingesetzt werden.

14.1.3 Verteilungsgerechtes Wachstum

Das „binnenmarktorientierte Wachstum" ist gleichzeitig ein „verteilungsgerechtes Wachstum". Die extreme soziale Ungleichheit in der Dritten Welt ist nicht allein durch eine Einkommensumverteilung wie in den Industrieländern (progressive Einkommensbesteuerung, Sozialhilfe) zu überwinden. Auch eine Umverteilung des Vermögens (Landreform) reicht nicht aus. Das gesamte Wachstumsmuster der Ökonomie muss geändert werden. Das Wachstum muss von den Sektoren ausgehen, in denen die Armutsbevölkerung arbeitet (kleinbäuerliche Landwirtschaft, Kleingewerbe). Durch die Erhöhung ihres Einkommens verringert sich der Abstand zu den wohlhabenden Mittel- und Oberschichten, deren Einkommen durch Besteuerung, Bekämpfung von Korruption und Steuerflucht, Verstaatlichungen im Rohstoffbereich begrenzt wird. Die staatliche Umverteilung erfolgt nicht primär über Sozialleistungen, sondern über sektorale Wirtschaftsförderung.

Das Einkommen der Armen kann außerdem erhöht werden
- durch Erhöhung von (Mindest-) Löhnen im formellen Sektor, insbesondere Exportsektor
- durch Änderung der landwirtschaftlichen Vermarktungssysteme (höhere Erzeugerpreise, geringere Gewinne im Zwischenhandel)

- durch direkte staatliche Transferzahlungen (Bolsa Familia in Brasilien)
- durch Überweisungen von Familienmitgliedern, die als Migranten im In- oder Ausland arbeiten

Das „verteilungsgerechte Wachstum" wird nicht vom Wachstum der Exportnachfrage und des privaten Konsums der schmalen Oberschicht getragen, sondern vom Wachstum des privaten Konsums der unteren und mittleren Einkommensgruppen.

14.2   Ausbau der öffentlichen Infrastruktur

Das „binnenmarktorientierte Wachstum" erfordert den Ausbau der armutsorientierten öffentlichen Infrastruktur (s.o.). Diese dient sowohl dazu, eine binnenmarktorientierte Entwicklungsdynamik zu erzeugen und zu unterstützen, als auch direkt die Armut zu reduzieren: Armut ist definiert als unzureichende Befriedigung der Grundbedürfnisse. Ein Teil dieser Bedürfnisse (z.B. Gesundheit, Bildung, Trinkwasser) wird direkt durch öffentliche Dienstleistungen befriedigt, der andere Teil (z.B. Ernährung, Wohnung, Kleidung) durch privates Einkommen, das durch öffentliche Entwicklungsmaßnahmen gefördert werden kann.

Bei der Finanzierung der armutsorientierten öffentlichen Infrastruktur ergeben sich folgende Probleme:

- Die Staaten der Dritten haben eine geringere **Steuerquote** am BSP als die reichen Industrieländer, obwohl der Bedarf an Investitionen in die öffentliche Infrastruktur weitaus größer ist. Konsequenz: Die Steuerquote muss erhöht werden durch höhere Besteuerung der wohlhabenden Oberschicht, durch höhere Unternehmenssteuern, speziell für die ausländischen Investoren (d.h. der internationale Steuersenkungswettbewerb muss beendet werden), durch Bekämpfung der Steuerflucht, durch höhere Rohstoffabgaben oder Verstaatlichung des Rohstoffsektors, so dass die Gewinne der

Rohstoffproduktion direkt in die Staatskasse fließen. Daneben indirekte Steuern, Zölle, Gebühren.

- Fehlende Steuereinnahmen werden oft durch **Schuldenaufnahme** im In- und Ausland ausgeglichen. Als Folge wird ein immer größerer Anteil der Staats- und Deviseneinnahmen für den Schuldendienst aufgewandt und steht nicht mehr für die Armutsbekämpfung zur Verfügung. Gleichzeitig steigt das Risiko von Schuldenkrisen. Inlandsverschuldung bei der Zentralbank kann zu Inflationskrisen führen. Auslandsverschuldung zwingt zu wachstums- und exportorientierter Entwicklungspolitik. Konsequenz: Schuldenerlass durch ausländische Gläubiger, Erhöhung der Staatseinnahmen s.o. – d.h. Armutsbekämpfung auf Kredit ist langfristig nicht möglich.

- Fehlende Steuereinnahmen werden oft durch Beantragung von **Entwicklungshilfe** bei Geberländern und -institutionen ausgeglichen. Jedoch: viele Entwicklungsprojekte sind wachstums- nicht armutsorientiert, sind teuer durch sinnlose Bürokratie und importierter, kapitalintensiver Technologie, überleben das Projektende nicht, gehen an den Bedürfnissen der Betroffenen vorbei, erhöhen die Verschuldung. Konsequenz: EZ nur in Form von Zuschüssen für armutsorientierte Infrastrukturmaßnahmen der bestehenden staatlichen und nichtstaatlichen Institutionen auf zentraler, regionaler und lokaler Ebene, sowie Finanzierung von inländischen Förderbanken für das Kleingewerbe mit klarem Auftrag. Programm- statt Projekthilfe.

- Die herrschenden Eliten fördern primär den modernen Sektor, weil dieser die Basis ihrer Macht und ihres Reichtums ist, und haben kein Interesse an der Armutsbekämpfung. Konsequenz: Demokratisierung, Dezentralisierung, politische Organisierung der Armutsbevölkerung, um Druck auf die Regierenden auszuüben.

Die Infrastruktur im ländlichen Raum und in den städtischen Armutsvierteln ist auf Basis einer demokratischen Planung auszubauen. Die Bevölkerung entscheidet, welche Engpässe, Mängel der öffentlichen Infrastruktur Priorität haben. Realisierung mit lokalen Ressourcen (Abgaben, kommunale Arbeitseinsätze), sowie mit finanzieller und technischer Unterstützung aus dem In- und Ausland (staatlich, NGOs). Community Driven Development (CDD)

14.3   Reform des Finanzsektors

Die Maßnahmen zur Regulierung des Finanzsektors der Industrieländer gelten auch für die Dritte Welt.

Zusätzlich ist das Problem der Kapitalflucht zu lösen. Die Sparer misstrauen dem inländischen Bankensektor. Die Wohlhabenden legen ihr Geld im Ausland an – Gründe: Angst vor Inflation, Wechselkursänderungen und Bankenpleiten (ohne Einlagensicherung) sowie Steuerhinterziehung, Verstecken von Einnahmen krimineller Herkunft (Korruption, Unterschlagung, etc.)
Die ärmeren Bevölkerungsschichten legen ihre Ersparnisse ebenfalls nicht im formellen Bankensektor an, sondern sparen in Form von Bargeld, Schmuck, Vieh sowie Darlehen an Familienangehörige. Das Sparpotential auch bei den Ärmeren ist enorm – was die Heimatüberweisungen der Migranten andeuten.

Als Folge kann der Bankensektor den öffentlichen und privaten Kreditbedarf nicht decken. Insbesondere Kleinkredite für den informellen Sektor werden nicht vergeben. Kreditbedarf im informellen Sektor wird durch Familienangehörige, private Geldverleiher und Wucherer (z.T. mit Schuldknechtschaft) oder gar nicht gedeckt.

Wenn die Zentralbank den formellen Bankensektor als Folge mit billigem Geld ausstattet, entsteht die Gefahr von Inflationskrisen. - Konsequenz:

-   Bekämpfung der Kapitalflucht durch Stabilisierung der Wechselkurse, Kapitalverkehrsbeschränkungen, Stabilisierung des Bankensektors, Einlagensicherung, Reduzierung der Inflation, hohe Realzinsen, Rechtssicherheit, Schließung der Steueroasen

- Öffnung des Bankensektors für den informellen Sektor, sowohl auf der Einlagen- wie Kreditseite (Mikrokredite), Förderung von Spargenossenschaften

14.4 Ökologisch angepasste Entwicklung

Würden alle Bewohner der Erde einen Rohstoffverbrauch pro Kopf haben wie die reichen Industrieländer heute, wären die bekannten Lagerstätten in kürzester Zeit erschöpft. Würden alle Bewohner der Erde pro Kopf eine Umweltbelastung erzeugen wie die reichen Industrieländer heute, wäre die Umweltbelastung (z.B. Klimaveränderung durch Treibhauseffekt) um ein Vielfaches höher. Die Entwicklung der Dritten Welt darf technologisch keine Kopie der heutigen Industrieländer sein.

Das oben beschriebene (verteilungs-, beschäftigungsorientierte) Wachstumsmuster führt zu einer Zunahme des Einkommens und damit des Ressourcenverbrauchs primär bei den armen Haushalten, die weniger ressourcenintensiv konsumieren als die wohlhabenden Haushalte (Klimaanlagen, PKWs, Flugreisen). Analog steigt die Produktion primär bei dem arbeitsintensiven Kleingewerbe, das weniger ressourcenintensiv produziert als die modernen, exportorientierten Sektoren. Somit könnte man hoffen, dass das verteilungsorientierte Wachstumsmuster grundsätzlich ressourcensparender ist als das derzeitige exportorientierte Wachstumsmuster. Allerdings gibt es einen gegenläufigen Effekt: die Anzahl der Haushalte / Betriebe, die den Ressourcenverbrauch erhöhen, ist bei einem breiten verteilungsorientierten Wachstum größer als bei dem Wachstum kleiner Wohlstandsinseln, so dass die Gesamtsumme der Steigerung doch erheblich sein kann – kurz: der Gesamteffekt ist schwer vorherzusagen und hängt davon ab, welche Technologien zum Einsatz kommen.

In den meisten Ländern der Dritten Welt gibt es keine Ökosteuern, im Gegenteil: Strom und Benzin werden vom Staat stark subventioniert - mit dem offiziellen Ziel der Modernisierung und Armutsbekämpfung, obwohl vorwiegend die Mittel- und

Oberschicht sowie in- und ausländische Investoren davon profitieren. Als Folge besteht wenig Anreiz für Energieeinsparung und für den Einsatz energiesparender Technologien. Versuche, diese Subventionen zu reduzieren, scheitern oft an heftigen Protesten. Energiesubventionen stellen in vielen Ländern einen erheblichen Teil der Staatsausgaben und somit der Schuldenproblematik dar. Konsequenz: die Energiesubventionen müssen abgebaut werden. Etwaige Nachteile für arme Haushalte müssen durch entsprechende Sozialleistungen abgefangen werden.

Der internationale Standortwettbewerb zwingt die Staaten der Dritten Welt, die Umweltauflagen für ausländische Investoren zu minimieren. Dies gilt insbesondere für den Rohstoffsektor, wo die Umweltschäden besonders hoch sein können. Die ‚Internalisierung dieser Kosten' (Übernahme durch Rohstoffkonzerne) muss als internationaler Standard durchgesetzt werden. Dies würde zu einer generellen Erhöhung der Rohstoffpreise führen, was wiederum den Anreiz zur sparsamen Verwendung (Recycling, Energieeinsparung) erhöht.

Es kommen daneben spezielle ökologische Probleme der tropischen und subtropischen Regionen hinzu: die traditionellen Formen der Landnutzung (Wanderfeldbau, extensive Viehhaltung, extensive Waldnutzung) sind bei wachsender Bevölkerung nicht mehr ökologisch angepasste Nutzungsformen, sondern führen zu Entwaldung, Erosion, Überschwemmungen, Trockenheit, Ausdehnung der Wüsten. Verstärkt werden diese Probleme durch die moderne exportorientierte Land- und Holzwirtschaft (Abholzung der Regenwälder), die durch ‚Land Grabbing' immer weiter ausgedehnt wird.

Neben den auch für die Industrieländer geltenden Ziele (Minimierung des Rohstoffverbrauchs, Minimierung der Umweltbelastung) kommen folgende Schwerpunkte hinzu:

-   Intensivierung der Landwirtschaft durch neue Formen des standortgerechten Landbaus (permanente Mischkulturen, Diversifizierung, integrierte Viehhaltung, Bewässerung) im Rahmen der kleinbäuerlichen Landwirtschaft, wodurch auf

derselben Fläche dauerhaft mehr Nahrungsmittel arbeitsintensiv durch mehr Menschen produziert werden können
- ganzheitliches Management von Wald- und Wasserressourcen, Wiederaufforstung, Bekämpfung der Abholzung des Regenwalds, von ökologisch nicht nachhaltiger Landnutzung, von Übernutzung von Grundwasser

14.5 International: Reregulierung der Weltwirtschaft

Sozial-ökologische Reformpolitik erfordert eine Reregulierung der internationalen Finanz-, Waren- und Dienstleistungsmärkte. In vielen Bereichen sind nationale Alleingänge kaum möglich (z.B. Stabilisierung der Finanzmärkte, Bekämpfung der Steuerflucht, Klimaschutz, etc.). Solange es keine globalen, allgemeingültigen Regelungen gibt, wird das Kapital soziale und ökologische Reformen auf nationaler Ebene durch Drohung der Abwanderung verhindern.

Leider sind die bestehenden internationalen Institutionen entweder machtlos (UN) oder neoliberal ausgerichtet (IWF, WTO, OECD, EU). Letztere haben sich gerade die *Deregulierung* der Weltwirtschaft zur Aufgabe gemacht. Solange diese Institutionen ihre derzeitige Agenda verfolgen, haben einzelne Länder keine Chance, eine abweichende sozial-ökologische Politik zu verfolgen (vgl. die Politik der Troika in Griechenland 2010 ff).

Es müssen globale Abkommen und Institutionen geschaffen werden, die das Ziel verfolgen, den internationale Deregulierungs-, Sozialabbau-, Steuersenkungs-, Lohnsenkungswettbewerb zu beenden. Nur so kann die Gestaltung der Gesellschaft und der Zukunft wieder zunehmend von demokratisch legitimierten Instanzen anstelle von anonymen Marktgesetzen und internationalen Konzernen gesteuert werden.

14.5.1 Stabilisierung der internationalen Finanzmärkte

Problem: spekulative Finanzströme können Finanz- und Wirtschaftskrisen auslösen, Wechselkursschwankungen belasten die wirtschaftliche Entwicklung, die Abhängigkeit von Kapitalzu-/abflüssen engt den staatlichen Handlungsspielraum ein.

Maßnahmen:

- stabiles Wechselkursregime

freie Wechselkurse mit Zielzonen, (Festlegung auf Basis der Kaufkraftparität, d.h. Anpassung entsprechend der unterschiedlichen Inflationsraten), Interventionen der Zentralbanken auf dem Devisenmarkt zur Einhaltung der Zielzonen, Managed Floating, Clearing-Union: internationale künstliche Reservewährung mit Weltzentralbank (Begründung: weder völlig starre Wechselkurse – s. Bretton Woods, Eurozone – noch totale Liberalisierung haben sich bewährt)

- Devisenumsatz-, Finanztransaktionssteuer

Steuer auf Devisentransaktionen, wodurch Kursschwankungen durch Devisenspekulation gebremst werden. Bei starken Abweichungen des Devisenkurses vom Sollwert Erhöhung des Steuersatzes (Spahn-Variante). Erweiterung zur Finanztransaktionssteuer, um auch Spekulationsgeschäfte innerhalb eines Währungsraums zu erfassen.

- Kapitalverkehrskontrollen

Beschränkung des Zu- oder Abflusses von kurzfristigem Kapital (Portfolio-Investitionen, Kredite) durch z.B. Bardepotpflicht, Verbot des Erwerbs bestimmter inländischer Wertpapiere durch Ausländer etc., um Auf- oder Abwertung der Währung zu verhindern

- Verschärfung der internationalen Bankenaufsicht

Internationale Bankenaufsicht, der sich keine Bank entziehen kann: Regulierungsoasen (Offshore-Bankenzentren, Hedge-Fonds und Zweckgesellschaften) werden der Bankenaufsicht unterstellt oder geschlossen. Verschärfung der internationalen Standards der Bankenregulierung (Eigenkapitalvorschriften, etc.). *(weitere Infos[68])*

14.5.2 Bekämpfung von Steuerflucht und -vermeidung

Problem: durch Steuerflucht und –vermeidung sowie dem internationalen Steuersenkungswettbewerb für Unternehmenssteuern entgehen dem Staat enorme Summen für die Bekämpfung der Armut bzw. für den Erhalt des Sozialstaats. Außerdem: Wachstum des internationalen Spekulationskapitals, Zunahme der Einkommensgegensätze

Maßnahmen: Internationale Abkommen zum automatischen Informationsaustausch zwischen Banken und Finanzbehörden, Verbot von anonymen Scheinfirmen und Steuerprivilegien für Holding-Gesellschaften. Erstellen von „Schwarzen Listen" von Ländern, die diese Anforderungen nicht erfüllen, verbunden mit Sanktionen (für die betreffenden Länder sowie für die Banken, Firmen, Privatanleger, die mit diesen Ländern Geschäftsbeziehungen haben.)
Unternehmensbesteuerung: Änderung der internationalen Bilanzierungsregeln: country by country Reporting, Unitary Taxation – Gewinnverteilung nach Umsatz (-> Verhinderung von Gewinnverschiebung in Niedrigsteuerländer), Internationale Mindeststeuersätze, internationale Steuerbehörde *(weitere Infos[69])*

14.5.3 Abbau der Verschuldung der Dritten Welt

Problem: der Schuldendienst nimmt den armen Ländern die finanziellen Ressourcen zur Bekämpfung der Armut und zwingt zur Maximierung der Exportproduktion, um die notwendigen

Devisen zu erwirtschaften. Außerdem Gefahr der Zahlungsun-
fähigkeit => Wirtschaftskrisen

Maßnahmen: Schuldenerlass, Begrenzung des Schuldendiensts,
internationale Insolvenz-Regelung (*weitere Infos*[70])

14.5.4 Reform der internationalen Institutionen

Problem: IWF und Weltbank sind durch die Stimmenmehrheit
der Industrieländer zum Instrument zur Durchsetzung ihrer Interessen gegenüber der Dritten Welt umfunktioniert worden. Der
IWF missbraucht Zahlungsbilanzengpässe oder Schuldenkrisen
dazu, neoliberale Strukturreformen aufzuzwingen. OECD und
WTO dienen der Durchsetzung des Freihandels und der neoliberalen Strukturreformen, ebenso der EU-Binnenmarkt.

Maßnahmen: Die genannten Institutionen müssen von Institutionen der *Deregulierung* der Weltwirtschaft in Institutionen der
Regulierung umgewandelt werden, oder durch neue Institutionen ersetzt werden (z.B. UN-Wirtschaftsrat, Weltzentralbank).
(*weitere Infos*[71])

14.5.5 Reform der Entwicklungsfinanzierung

Problem: die öffentliche Entwicklungsfinanzierung (ODA)
kommt nur zu einem geringen Teil den Armen der Dritten Welt
zugute und ist angesichts der Armut unzureichend.
Maßnahmen:

Erhöhung der Qualität: Armuts- und Binnenmarkt- statt Exportorientierung, angepasste Technologien statt kapitalintensive
Großprojekte, partizipative statt bürokratische Projektplanung

Erhöhung der Quantität: Realisierung des 0,7 %-Ziels, Erschließung neuer Finanzierungsquellen (Devisenumsatz-, Finanz-
transaktions-, Handels-, Kerosinsteuer), Global Marshall-Plan

Allgemein: Erhöhung der Qualität der Entwicklungshilfe und Mobilisierung einheimischer Ressourcen (durch Schuldenerlass und Erhöhung der Kapitalbesteuerung) geht vor Erhöhung der Quantität (*weitere Infos*[72])

14.5.6 Begrenzung der Handelsliberalisierung

Probleme: (1) Der Freihandel nimmt den wirtschaftlich schwächeren Ländern des globalen Südens die Möglichkeit, international nicht wettbewerbsfähige Sektoren zu schützen und zwingt zu maximaler Rationalisierung, was angesichts der weltweiten Arbeitslosigkeit unsinnig ist. Der Aufbau von neuen Branchen wird unmöglich, da sie sofort der internationalen Konkurrenz ausgesetzt sind. Im Agrarbereich wird die kleinbäuerliche Landwirtschaft von Billigprodukten der industriellen Landwirtschaft der Industrieländer bedroht. (2) Der Freihandel ermöglicht die Produktionsauslagerung von Hochlohn- in Niedriglohnländern, was in den Hochlohnländern Arbeitsplätze vernichtet und das Lohnniveau senkt, während in den Niedriglohnländern Jobs mit Löhnen am Rande des Existenzminimums und unmenschlichen Arbeitsbedingungen entstehen. Der internationale Lohnsenkungswettbewerb vergrößert die Armut sowohl in den Export- wie Importländern.

Maßnahmen: (1) Freihandelsabkommen, die wirtschaftlich schwächere Länder das Recht auf Importbeschränkung und Subventionen (Schutz neuer Industrien / Erhalt international nicht wettbewerbsfähige Sektoren / Erhalt der Ernährungssicherung / Erreichung ökologischer Ziele) garantieren. (2) Freihandelsabkommen, die Anti-Dumpingmaßnahmen erlauben, wenn das exportierende Land soziale und ökologische Mindestnormen nicht einhält. (*weitere Infos*[73])

Abzulehnen sind Importbeschränkungen, die das Ziel haben, den Wohlstand der reichen Länder auf Kosten der armen zu erhöhen (s. Pläne der US-Regierung unter D. Trump). Handelspolitik soll die weltweiten Unterschiede zwischen Arm und Reich verringern, nicht erhöhen.

14.5.7 Keine Liberalisierung der Dienstleistungsmärkte

Begründung: Dienstleistungssektoren wie Bildung, Gesundheit, Wasser waren in fast allen Ländern der Welt staatlich organisiert, um allen unabhängig vom Einkommen Zugang zu den Dienstleistungen zu ermöglichen. Diese Tradition muss erhalten bleiben und darf nicht für die Durchsetzung des Freihandels geopfert werden.

Maßnahmen: Recht auf Beschränkung des Zugangs ausländischer Investoren im Bereich der öffentlichen Dienstleistungen und Güter (Bildungswesen, Gesundheitswesen, Wasser, genetische Ressourcen). Keine Privatisierung öffentlicher Dienstleistungen.

14.5.8 Kontrolle der multinationalen Konzerne

Begründung: Direktinvestitionen transnationaler Konzerne tragen nur unter bestimmten Bedingungen zur Entwicklung eines Landes bei. Jeder Staat muss das Recht haben, die Rahmenbedingungen für ausländische Direktinvestitionen zu bestimmen. Der internationale Wettbewerb im Abbau von Sozial- und Umweltstandards zur Gewinnung ausländischer Investoren muss gestoppt werden.

Maßnahmen:

Recht auf Beschränkung von Auslandsinvestitionen durch Empfängerland (Marktzugang, joint ventures, local content, Gewinntransfer, etc). Kündigung/Änderung aller Investitionsschutzabkommen

weltweite Durchsetzung von Sozial- und Umweltstandards (Gewerkschaftsfreiheit, Mindestlöhne, Arbeitszeiten, Sicherheit, etc.), internationale Kontrolle der Standards (UN, Staat, NGO), sowohl Industrie wie Rohstoffproduktion *(weitere Infos[74])*

14.5.9 Internationale Umweltabkommen

Begründung: die Erwärmung der Erdatmosphäre, Zerstörung der Ozonschicht, Vernichtung von Fischbeständen etc. können nicht durch nationale Alleingänge verhindert werden. Der Beitrag einzelner Länder wäre zu gering und würde durch rücksichtsloses Verhalten anderer Länder zunichte gemacht.

Maßnahmen: Internationale Abkommen, die Grenzwerte (CO_2-Ausstoß), Maßnahmen (Handel mit Emissionsrechten, CO_2-Steuer) und Sanktionen festlegen. *(weitere Infos[75])*

14.6 Ergebnis: Wachstum *und* Entwicklung

Wenn alle relevanten Akteure (internationale Institutionen, Regierungen und politische Bewegungen des Globalen Südens, Entwicklungs- Außenwirtschaftspolitik des Globalen Nordens, NGOs) von der neoliberalen exportorientierten Entwicklungsstrategie zu der oben beschriebenen sozial-ökologischen Reformpolitik übergehen, wird im Globalen Süden eine binnenmarktorientierte Entwicklungsdynamik in Gang gesetzt werden, die alle Sektoren, Regionen und Bevölkerungsgruppen erfasst. Diese Entwicklungsdynamik wird Armut und soziale Ungleichheit verringern und die natürlichen Ressourcen schonen.

Das Wachstum der beschäftigungsintensiven Sektoren schafft Beschäftigung für die schnell wachsende Bevölkerung. Wachsender Wohlstand der Armen könnte sogar dazu beitragen, Geburtenraten und Bevölkerungswachstum zu bremsen, was wiederum das Beschäftigungsproblem verringert (positiver Rückkopplungseffekt).

Wachsender Wohlstand der Armen und Abnahme der sozialen Ungleichheit trägt bei zu politischer Stabilität, diese wiederum zu wirtschaftlicher Stabilität und wachsendem Wohlstand (positiver Rückkopplungseffekt).

Die abnehmende Abhängigkeit von den Rohstoffmärkten und -preisen, sowie von den Investitionsentscheidungen multinationaler Konzerne (auf der ständigen Suche nach dem aktuell kostengünstigsten Produktionsstandort) stabilisiert die wirtschaftliche Entwicklung.

Die Regulierung der Finanzmärkte reduziert die Gefahr von Spekulations- /Kredit- und Investitionsblasen und nachfolgenden Krisen und stabilisiert so die wirtschaftliche Entwicklung.

Kurz: die sozial-ökologische Wirtschaftspolitik führt zu ‚Wachstum *und* Entwicklung' (‚Entwicklung' definiert als Verringerung von Armut, sozialer Ungleichheit, Ressourcenverschwendung etc. vgl. die Definitionsversuche der UN: Millenium Development Goals 2000, Sustainable Development Goals 2015).

Die Umsetzung der hier skizzierten armuts- und binnenmarktorientierten Politik stößt allerdings auf folgende Schwierigkeit: die wirtschaftliche und politische Basis der herrschenden Eliten und Regierungen im globalen Süden sind die modernen, weltmarktintegrierten Wirtschaftssektoren. Es stellt sich die Frage, was die Eliten veranlassen könnte, ihre eigenen Privilegien für die Armutsbekämpfung zu opfern. Diese Frage muss von den politischen Bewegungen der jeweiligen Länder beantwortet werden. Voraussetzung dafür ist politische Freiheit, Demokratie und Rechtsstaatlichkeit, die es den Unterprivilegierten erlauben, politischen Druck auf die herrschenden Eliten auszuüben.

15 Fazit: Lehren für die Wirtschaftspolitik der Dritten Welt

Seit der Kolonisierung sind die Ökonomien der Dritten Welt geprägt von der Teilung in einen modernen, exportorientierten und dem traditionellen, informellen Sektor. Während in dem modernen Sektor zunächst nur Rohstoffe für den Export hergestellt wurden, kam in der keynesianischen Phase die Produktion von Luxuskonsumgütern für die Mittel- und Oberschichten hinzu, seit der neoliberalen Wende dann die exportorientierte Industrialisierung basierend auf der Auslagerung von arbeitsintensiven Arbeitsgängen aus den Industrieländern. Die Armut in dem traditionellen Sektor wurde während dieser Entwicklungsphasen wenig verringert, was Migration in reichere Regionen und Länder auslöste.

Die Dritte Welt steht vor folgenden Alternativen: entweder weiterhin Wachstum beschränkt auf den kleinen, weltmarktintegrierten Sektor der Ökonomie (bei Fortsetzung der derzeitigen neoliberalen, exportorientierten Wirtschaftspolitik: „Wachstum ohne Entwicklung"), u. U. ergänzt um eine importsubstituierende Industrialisierung (Modell China), oder ein verteilungsgerechtes, binnenmarktorientiertes und beschäftigungsintensives Wachstum, das alle Sektoren, Regionen und Bevölkerungsgruppen erfasst (bei Wechsel zu einer entsprechenden sozialökologischen Reformpolitik: „Wachstum und Entwicklung"). Wenn jedoch in allen Industrieländern gleichzeitig eine nationalistische, protektionistische und rassistische Politik betrieben wird, werden die weltmarktintegrierten Sektoren ruiniert, Migranten zur Rückkehr gezwungen und die bestehende Armut noch vergrößert.

Die hier skizzierte „sozial-ökologische Entwicklungspolitik" stellt nicht eine Politik der ‚Almosen' oder ‚Sozialhilfe' für die Armen ist, die aus moralischen Gründen zu fordern ist, sondern eine ökonomisch und politisch notwendige Strategie zur Erzeugung einer ‚anderen' Entwicklungsdynamik. Letztlich überwindet sie im Globalen Süden den Dualismus zwischen dem modernen, exportorientierten und dem traditionellen, informellen Sektor, d.h. überwindet die Wirtschaftsstruktur, die durch die koloniale Integration in die Weltwirtschaft entstanden war. Sie führt zu einer gleichgewichtigen Entwicklung, die auch charakteristisch für die Wirtschaftsgeschichte Europas im 19./20. Jahrhundert sowie für die Nachzügler Japan, Südkorea und Taiwan gewesen ist.

16 Plädoyer für eine sozial-ökologische Wirtschaftswende

Die Zukunft der Welt wird sehr unterschiedlich aussehen, je nachdem, welche wirtschaftspolitische Strömung sich durchsetzen wird:

-   bei Fortsetzung der neoliberalen Wirtschaftspolitik wird sich in den Industrieländern das Wachstum aus demografischen und technologischen Gründen weiter abschwächen, während soziale Ungleichheit, Armut, Krisenanfälligkeit, Umweltbelastung weiter zunehmen werden. In der Dritten Welt wachsen die weltmarkintegrierten Wohlstandsinseln weiter, während der Rest der Gesellschaft in Armut verbleibt.

-   bei einem nationalistischen Staatsinterventionismus wird es in den Industrieländern langfristig zu einem Negativwachstum durch Handelskriege, Vertreibung von Immigranten und Erhöhung der Produktionskosten kommen, es sei denn es gelingt, die gesamte Produktionsauslagerung in die Dritte Welt und die Transformationsländer Osteuropas rückgängig zu machen: in diesem Fall würden allerdings die exportorientierten Ökonomien der Dritten Welt und der Transformationsländer kollabieren, was die Armut dort drastisch erhöhen würde. Die Auswirkungen einer solchen aggressiven Wirtschaftspolitik auf die Weltwirtschaft, die Migration und den Weltfrieden lassen sich nur erahnen.

-   bei der hier skizzierten sozial-ökologischen Wirtschaftspolitik würden in den Industrieländern die Wachstumsraten aus demografischen und technologischen Gründen sich ebenfalls weiter abschwächen und sich einem Nullwachstum annähern, jedoch begleitet von einer *Verringerung* der sozialen Ungleichheit, der wirtschaftlichen Instabilität, des Ressourcenverbrauchs und der Umweltbelastung, sowie von einer Erhöhung der Lebensqualität. In der Dritten Welt würde die Armut durch eine binnenmarkt-, beschäftigungs- und verteilungsorientierte Wachstumspolitik, die alle Bevölkerungsgruppen erfasst, - ergänzt um die Durchsetzung von Sozial- und Umweltstandards in den Exportsektoren-, verringert.

In allen drei Szenarien ist das Wirtschaftswachstum der (hoch-) industrialisierten Länder langfristig gering oder gar nicht vorhanden. Die aus ökologischer Sicht geforderte ‚Postwachstumsgesellschaft‘ kommt also sowieso, egal ob sie gewünscht ist oder nicht. Die offene Frage ist, welche Variante des Nullwachstums stattfinden wird: Nullwachstum mit mehr oder weniger Armut, mehr oder weniger sozialer Ungerechtigkeit, mehr oder weniger Stabilität, mehr oder weniger Ressourcenverbrauch und Umweltbelastung, mehr oder weniger Hass und Gewalt, mehr oder weniger Lebensqualität.

In der Dritten Welt wird es keine Verringerung der Armut ohne Wachstum geben. Die offene Frage ist, welche Variante des Wachstums stattfinden wird: hohes Wachstum der Exportsektoren mit geringem Rückgang der Armut (Fortsetzung der neoliberalen, exportorientierten Wirtschaftspolitik) oder mäßiges Wachstum mit deutlichem Rückgang der Armut (bei einer binnenmarkt-, beschäftigungs-, verteilungsorientierten Wirtschaftspolitik).

Die Steuerungsmöglichkeiten des Wirtschaftsprozesses in der globalisierten Weltwirtschaft sind begrenzt, aber sie sind vorhanden, wie die keynesianische Periode von 1950-80 beweist. Aus den trostlosen Zukunftsszenarien, die bei Fortsetzung der neoliberalen Wirtschaftspolitik oder einer Wende zu einer nationalistischen Wirtschaftspolitik zu erwarten sind, folgt die Notwendigkeit einer ‚sozial-ökologischen Wirtschaftswende‘.

Was ist zu tun, um dieses Ziel zu erreichen? Wie sind die Mehrheiten für eine solche Politik zu gewinnen? Wie sind die mächtigen Widerstände der Wirtschaftslobbies und der von ihnen kontrollierten Institutionen und Medien zu überwinden? Diese Fragen lassen sich nicht pauschal für alle Länder,

Bevölkerungsgruppen, Politikbereiche beantworten. Aktivisten in unterschiedlichen Regionen, gesellschaftlichen Bereichen, innerhalb und außerhalb von Parteien, Gewerkschaften, Wissenschaft, Verbänden, NGOs, sozialen Bewegungen, Initiativen, Projekten müssen ihren eigenen Weg finden. Was sie verbindet, sind ähnliche Visionen einer gerechten und ökologischen Gesellschaft, ähnliche Werte (z.B. internationale Solidarität statt Nationalismus) und die Ablehnung der vorherrschenden Marktgläubigkeit – ‚Das Ende des Glaubens an den freien Markt‘.

[1]Die deutsche Regierung unter Konrad Adenauer und Ludwig Erhard war offiziell Anhänger des ‚Ordoliberalismus' (W. Eucken), der so viele staatliche Regulierung zuließ, das sich selbst Sarah Wagenknecht der Linkspartei für ihn begeistern konnte: ‚Freiheit statt Kapitalismus', Berlin 2011. Aus marxistischer Sicht wird der Sozialstaat entweder als Resultat der Kämpfe der Arbeiterbewegung gefeiert oder unter dem Begriff des ‚Fordismus' als Herrschaftstechnik des Kapitals zur Ruhigstellung des Proletariats gedeutet.

[2] In der seit 40 Jahren bestehende Wachstumsdebatte (Club of Rome: ‚Die Grenzen des Wachstums', 1972) sollte die Fragestellung ‚Wollen wir mehr oder weniger oder gar kein Wachstum?' durch ‚*Welches* Nullwachstum wollen wir haben?' ersetzt werden. Die Postwachstumsgesellschaft kommt so oder so, egal ob sie gewollt ist oder nicht.

[3] Vgl. Übersicht in: Ulrike Herrmann: Kein Kapitalismus ist auch keine Lösung, Frankfurt 2016

[4] Carl Mengers Schüler Ludwig von Mises und Friedrich von Hayek tragen in den 1970er Jahre zur Renaissance der Neoklassik unter dem Etikett des ‚Neoliberalismus' bei, - eine Bezeichnung, die merkwürdigerweise heute nur noch von seinen Gegnern verwendet wird.

[5] Vgl. Werner Plumpe: Wirtschaftskrisen – Geschichte und Gegenwart, München 2010, Florian Pressler: Die erste Weltwirtschaftskrise, München 2013; Michael North: Deutsche Wirtschaftsgeschichte, München 2000, Herrmann, Ulrike: Der Sieg des Kapitals: die Geschichte von Wachstum, Geld und Krisen, Frankfurt 2013

[6] Der Rückgang der Reallöhne und die häufigen Krisen inspirierten Karl Marx zur Behauptung, dass die Verelendung des Proletariats zwangsläufig zum Zusammenbruch des Kapitalismus führen wird. Erst nach seinem Tod 1883 schafften es die Gewerkschaften, Reallohnsteigerungen durchzusetzen, was den Überproduktionskrisen entgegenwirkte. Die Gewerkschaften, die anfangs die Überwindung des Kapitalismus zum Ziel hatten, haben ihn somit stabilisiert.

[7] Markus Stahl: ‚Die Lektion des Jahres 1929' in: Risikomanagement an internationalen Finanzmärkten, Stuttgart 2000, S.8

[8] ebd. S. 12

[9] Möglich war dies natürlich nur durch die ständig steigende Nachfrage nach Erdöl, die wiederum durch das Wirtschaftswachstum, durch Energieverschwendung aufgrund der niedrigen Energiepreise und durch die Abwesenheit von jeglichem ökologischen Bewusstsein der Konsumenten bedingt war.

[10] Hier gehen die Ansichten der beiden neoliberalen Hauptströmungen – Monetarismus und österreichische Schule (Hayek) - auseinander: die

Monetaristen erlauben bei Deflation eine expansive Geldpolitik, während die österreichische Schule jede Deflation als Rückkehr zu den wahren Gleichgewichtspreisen begrüßt.

[11] Die neoklassische Wirtschaftstheorie ist zur Zeit Lehrinhalt praktisch aller wirtschaftswirtschaftlichen Studiengänge der Welt, Grundlage der Gutachten fast aller wirtschaftswirtschaftlichen Forschungsinstitute der Welt, Grundlage der Berichterstattung fast aller Wirtschaftsmagazine der Welt. Die Hegemonie des neoliberalen Gedankenguts in Wissenschaft und Medien wird allerdings seit einigen Jahren nicht länger hingenommen:

www.plurale-oekonomik.de

www.ineteconomics.org

www.paecon.net

www.worldeconomicsassociation.org

www.euromemo.eu

www.alternative-wirtschaftspolitik.de

[12] nach der Eurokrise 2010 haben die Strukturreformen, die den Schuldenländern Griechenland, Spanien, Portugal, Italien von der EU aufgezwungen wurden, dort zu sinkenden Löhnen geführt. Sieger im Lohnsenkungswettbewerb ist offenbar Spanien, wo die Löhne zwischen 2009 und 2014 um 7,6% sanken (Le Monde vom 21.2.2018, Economie S.3). Als Folge kommt die spanische Wirtschaft etwas besser aus der Krise. In den übrigen Ländern findet der erwartete Aufschwung trotz schmerzhafter Reformen kaum statt. Die Investitionen konzentrieren sich wieder einmal auf den Standort mit den relativ günstigsten Investitionsbedingungen.

[13] nach dem Sturz der kommunistischen Regierungen Osteuropas wurde den neuen Regierungen von neoliberalen Wirtschaftsweisen eine wirtschaftspolitische Schocktherapie empfohlen (sofortige Privatisierung und Öffnung der Grenzen), was zu Einbrüchen des BSP um 30-50% und entsprechender Arbeitslosigkeit führte. In China und Vietnam fand dagegen ein gradueller Übergang von der Planwirtschaft zur Marktwirtschaft statt ohne Produktionseinbrüchen, Arbeitslosigkeit und Verarmung. Das Arbeitslosenheer Osteuropas war die Voraussetzung für die Produktionsauslagerung aus den Hochlohnländern, wodurch die bisherigen europäischen Zielländer der Produktionsauslagerung – Spanien, Portugal – nicht mehr konkurrenzfähig waren.

[14] Gemeint sind zusätzliche Exporte durch den induzierten wachsenden Wohlstand dort – nicht etwa Maschinen und Vorprodukte für die ausgelagerte Produktion, die ja kein zusätzliches Wachstum repräsentieren. Es ist umstritten, ob der Nettowachstumseffekt für die Industrieländer positiv oder negativ ist. Vermutlich ist er von Land zu Land unterschiedlich: Deutschland mit Maschinen und Luxuskonsumgütern

für die reicher werdende Oberschicht erzielt genügend zusätzliche Exporte, Länder wie Frankreich, Italien, USA, UK haben dagegen vermutlich einen Nettowachstums- und Arbeitsplatzverlust durch die Produktionsauslagerung.

[15] eine der ältesten und größten SEZ ist Shenzhen nördlich von Hong Kong mit 12 Mio Einwohnern. Sie ist Vorbild für Hunderte ähnlicher Zonen in der ganzen Welt.

[16] in Indien wurde 2014 von der Modi-Regierung die Kampagne ‚Make in India' gestartet, die gezielt Importeure von Fertigprodukten (z.B. Handy-Hersteller Samsung und Apple) durch Steuer- und Zollpräferenzen veranlassen will, die Produktion für den indischen Markt nach Indien zu verlegen. Auf importierte Autos wird 60% Zoll erhoben, weshalb fast alle großen Automobilhersteller mittlerweile Montagewerke in Indien haben.

[17] Diese Importbeschränkungen werden seit Jahrzehnten von den Industrieländern im Rahmen der WTO-Verhandlungen attackiert. Nachdem die letzte WTO-Verhandlungsrunde - u.a. am Widerstand Indiens – gescheitert ist, versuchen die Industrieländer in bilateralen und regionalen Freihandelsabkommen (z.B. EPAs der EU, TTP) die Importbeschränkungen zu ‚knacken', um so neue Märkte für ihre Exporteure zu schaffen. Würden diese Importbeschränkungen tatsächlich beseitigt, könnte Wachstum und Beschäftigung aus der Dritten Welt wieder in die reichen Industrieländer zurückgeholt werden.

[18] ILO Wage Report 2010, 2012

[19] http://www.factfish.com/de/statistik/bruttoinlandsprodukt%20pro%20kopf%20nach%20kaufkraftparit%C3%A4t%2C%20aktuelle%20internationale%20%24

[20] www.ilo.org

[21] www.factfish.com

[22] Von 1980 bis 1995 stieg das BIP Spaniens (in Kaufkraftparität) von 256 Mrd $ auf 647 Mrd $, während die Arbeitslosigkeit von 11% auf 23 % zunahm. http://www.factfish.com/de/statistik-land/spanien/arbeitslosigkeit

[23] ILO Income Inequality in the Age of Financial Globalisation 2008
Piketty, Thomas: Capital in the 21st Century, New York 2014
Bourgignon, Francois: Die Globalisierung der Ungleichheit, Hamburg 2013
Stiglitz, Joseph: Der Preis der Ungleichheit, München 2012

[24] ILO: Why have wage shares fallen?, Geneva 2013

[25] Piketty, Thomas: Ökonomie der Ungleichheit, München 2016

[26] Die London School of Economics hat die Veränderung der Qualifikationsstruktur von 16 europäischen Ländern zwischen 1993 und 2010 erforscht: in allen sank der Anteil der Beschäftigten mit mittlerer

Qualifikation, während der Anteil der hoch qualifizierten und der niedrig qualifizierten Arbeitnehmer zunahm. Quelle: Alternatives Economiques – Hors Série, Feb 2018: ‚Les dangereuses mutations du travail et de l'emploi', S. 28

[27] Piketty, Thomas: Das Kapital im 21. Jahrhundert, München 2014, s. 526

[28] Reinhart, Carmen / Rogoff, Kenneth: „Dieses Mal ist alles anders – Acht Jahrhunderte Finanzkrisen", München 2010

Stiglitz, Joseph: Die Schatten der Globalisierung, New York 2002

Stiglitz, Joseph: The Roaring Nineties, New York 2003

Conrad, Christian (Hrsg.): Risikomanagement an internationalen Finanzmärkten, Stuttgart 2000

Huffschmid, Jörg: Politische Ökonomie der Finanzmärkte, Hamburg 1999

[29] S. Kap. 3.3

[30] Liebert, Nicola: Steuergerechtigkeit in der Globalisierung, Münster 2011

[31] Handelsblatt, 19.11.2012

[32] Fischer Weltalmanach 2012, S.709 ff

[33] Die OECD veröffentlicht regelmäßig länderbezogene Listen von durchzuführenden Strukturreformen – z.B. „Economic Policy Reforms; Going for Growth" OECD, Paris, 2017

[34] S. z.B. Datenreport der Stiftung Weltbevölkerung, Hannover 2016, sowie: Spiegel 12/13 2015 Schwerpunktthema Demografie, IAB-Kurzbericht 6/2017 Nürnberg

[35] Z.B. Deutschland 2011- 2015 zwischen 0,4 und 07%, s. Statistisches Bundesamt, Bruttoinlandsprodukt 2015 für Deutschland, Wiesbaden 2016.

[36] Ausnahme: in der Landwirtschaft Europas steigt die Arbeitsproduktivität zur Zeit schnell durch den Übergang von der mittelständischen zur industriellen Landwirtschaft, der in Nordamerika bereits abgeschlossen ist. Folge: steigende Produktionsmengen, fallende Preise, rückläufige Beschäftigung in der Landwirtschaft, Entvölkerung des ländlichen Raums, zunehmende landwirtschaftliche Überschüsse, die außerhalb von Europa abgesetzt werden müssen und die dortige kleinbäuerliche Landwirtschaft ruinieren. Das Ganze subventioniert mit Milliarden Euro aus dem EU-Agrarhaushalt.

[37] Es wird die These aufgestellt, dass Künstliche Intelligenz, das Internet der Dinge und der Einsatz von Robotern zur Vernichtung von Millionen von Arbeitsplätzen, d.h. zu einer starken Erhöhung der Arbeitsproduktivität führen wird (Walter Schwab: Die Vierte industrielle Revolution, München 2016). Obwohl Computer und Roboter schon länger im Einsatz sind, hat sich die These bislang nicht bewahrheitet. Es

bleibt abzuwarten, ob sie nicht nur ein Medien-Hype wie das „CAD/CAM" (Computer Aided Design/Manufactoring) der 90er Jahre ist.

[38] S. z.B Robert Gordon und Larry Summers, zitiert in: www.diw.de/de/diw_01.c.464429.de/presse/diw_roundup/die_neue_ wachstumsdebatte.html

[39] Dieser Effekt ist angesichts der geringen Steigerung der Arbeitsproduktivität natürlich gering. Sollte die vorhergesagte Vernichtung von Arbeitsplätzen durch die „Industrie 4.0" tatsächlich stattfinden, wird er entsprechend größer.

[40] International Center for Monetary and Banking Studies: What Deleveraging?, Genf 2014

[41] Koo, Richard: Bilanzrezessionen und die globale Wirtschaftskrise, in: Flassbeck, H. u.a.: Handelt jetzt!, Frankfurt 2013

[42] Zusätzlich zu den traditionellen Produktgruppen Textil und Elektronik wird zur Zeit z.B. die Herstellung von Medikamenten (Indien, Irland), Flugzeugteilen (Indien), Schmuck (Indien), Möbel (China), Keramik (China) ausgelagert.

[43] Diese Entwicklungstendenz wird von Francois Bourgignon bereits für die vergangenen Dekaden empirisch belegt: „Die Globalisierung der Ungleichheit", Hamburg 2013

[44] Ausnahme: Kritik am Euro aus nationalliberaler Sicht einiger VWL-Lehrstühle

[45] www.alternative-wirtschaftspolitik.de

[46] www.umfairteilen.de

[47] www.grundeinkommen.de

[48] www.finance-watch.org
www.re-define.org
www.makefinancework.org
www.weed-online.org/themen/finanzen/index.html
www.attac.de
Giegold/Phillip/Schick: Finanzwende – Den nächsten Crash verhindern, Berlin 2016

[49] Singh, Kavaljit: Taming Global Financial Flows, Delhi/London 2000

[50] Liebert, Nicola: Steuergerechtigkeit in der Globalisierung, Münster 2011
www.taxjustice.net

[51] www.steuer-gegen-armut.org

[52] Fücks, Ralf: Intelligent Wachsen, München 2013, Bernd Meyer: Wie muss die Wirtschaft umgebaut werden? Frankfurt 2008

[53] S. z.B. https://diem25.org/

[54] Sogar der IWF kommt zu dem Schluss, dass Ungleichheit Wachstum bremst, d.h. also Umverteilung zu Wachstumssteigerung führen kann: IMF: Redistribution, Inequality and Growth, Feb 2014

[55] s.a. Zinn, Karl Georg: Wachstumszwänge im Kapitalismus, Papier zum Jena-Workshop 2013

[56] Die Bedeutung der Wachstumskritik besteht darin, das in den Industrieländern ohnehin unvermeidliche Nullwachstum nicht als Problem, sondern als wünschenswerten Zustand bewusst zu machen – zumindest wenn das Nullwachstum mit einer konsequenten Umwelt- und Sozialpolitik einhergeht. S.a. Zahrnt, Angelika, Seidl, Irmi: Postwachstumsgesellschaft, Marburg 2010, Jackson, Tim: Prosperity without Growth, London 2009, www.degrowth.de

[57] Die ‚Unvermeidlichkeit des Nullwachstums' bezieht sich nur die fortgeschrittenen Industrieländer an der Spitze der technologischen Entwicklung (Nord-,Westeuropa, Nordamerika). Industrieländer an der Peripherie Europas (Süd-, Osteuropa) haben eine geringere Arbeitsproduktivität, so dass während einer Aufholphase mit entsprechenden Reallohnsteigerungen noch höhere Wachstumsraten möglich sind, solange bis die Produktivität der reichen Industrieländer erreicht ist

[58] Z.B. soziale Bewegungen: M15 (Spanien), Nuit debout (Frankreich), Occupy (USA), UK Uncut (GB), Attac, NGOs, Gewerkschaften, Parteien

[59] Christoph Buchheim: Industrielle Revolution, München 1994

[60] Kaiser, Jürgen: Von Mexiko bis Griechenland, in: Schuldenreport 2012, erlassjahr.de

[61] Das Ausmaß des Rückgangs ist umstritten: Hickel, Jason: Die Milleniumslüge, in: Informationsbrief Weltwirtschaft und Entwicklung, Sept. 2014, S.2

[62] Trotz der weltweiten Dominanz des neoliberalen Paradigmas gibt es Beispiele für gegenläufige Entwicklungen. In vielen lateinamerikanischen Staaten haben seit dem Jahr 2000 linke Regierungen Sozialausgaben erhöht, finanziert aus den Erlösen des Rohstoffexports, und in einzelnen Fällen sogar Privatisierungen rückgängig gemacht. Die Dominanz des Exportsektors sowie Macht und Vermögen der bestehenden Eliten wurde jedoch nicht angetastet. In fast allen Ländern des Südens gibt es einzelne Projekte und Programme von staatlichen und nichtstaatlichen Trägern sowie Selbsthilfebewegungen, die die hier definierten Kriterien der Armutsorientierung erfüllen. Man kann diese als ‚Drop in the Ocean' abtun, oder als Labor und Vorbild für armutsorientierte Entwicklungsmaßnahmen betrachten, die letztlich Veränderungsprozesse über den begrenzten Rahmen eines Projektes hinaus auslösen.

[63] Alle Zahlen aus www.bpb.de/nachschlagen/zahlen-und-fakten/glo-balisierung/

[64] www.imf.org/external/country/index.htm

[65] UNCTAD Trade and Development Report 2013: A Greater Role of Domestic Demand in Development Strategies, S. 62 ff

[66] www.agrarkoordination.de
www.weltagrarbericht.de
www.grain.org
www.viacampesina.org
www.fian.org
UNCTAD: Trade and Environment Review 2013: Wake up before it is too late, UN 2013

[67] Braun, Hans-Gert: Armut überwinden durch soziale Marktwirtschaft und mittlere Technologie, Berlin 2010

[68] www.finance-watch.org
www.weed-online.org
www.attac.de/themen/finanzmaerkte-steuern

[69] www.taxjustice.net

[70] www.eurodad.org
www.erlassjahr.de

[71] www.new-rules.org

[72] www.venro.org
www.iz3w.org

[73] www.citizen.org/trade
www.focusweb.org
http://goodelectronics.org
http://electronicswatch.org
https://cleanclothes.org
www.attac.de/themen/finanzmaerkte-steuern
Alternatives Handelsmandat:
Scholz, Helmut: Handsl(n) von links, Hamburg 2017
http://www.s2bnetwork.org/cat/issues/alternative-trade-mandate-for-the-eu/

[74] www.corpwatch.org
www.cora-netz.de/
www.treatymovement.com

[75] www.germanwatch.org